UNE RENTRÉE PAS ORDINAIRE

Vous aimez les livres de la série

Sabrina

Écrivez-nous
pour nous faire partager votre enthousiasme :
Pocket Jeunesse, 12, avenue d'Italie, 75013 Paris.

Sabrina

l'apprentie sorcière

Une rentrée pas ordinaire

David Cody Weiss
et Bobbi J. G. Weiss

Traduit et adapté de l'américain
par Véronique Fleurquin

5e édition

POCKET
jeunesse

Titre original :
The Teenage Witch

Publié pour la première fois en 1997
par Pocket Books, États-Unis.

Loi n° 49 956 du 16 juillet 1949 sur les publications destinées à la jeunesse : septembre 2000

ISBN : 2-266-10599-X

Tu as envie de lire des romans drôles, pétillants, irrésistibles ?

Abracadabra !

La série

Sabrina

l'apprentie sorcière

est faite pour toi !

Prologue

Le douzième coup de minuit

La vieille demeure victorienne des sœurs Spellman tranchait sur ses voisines. Au clair de lune, on distinguait les volutes de la tour d'angle. Du lierre grimpait sur la façade, dissimulant à demi les fenêtres des étages. Une imposante cheminée de brique coiffait le toit. En cette chaude nuit d'automne, tout semblait paisible dans cette petite ville américaine de la Nouvelle-Angleterre. Pourtant, rien ne serait plus jamais comme avant chez les Spellman.

Alors qu'une horloge égrenait les douze coups de minuit, deux femmes gravirent l'escalier sur la pointe des pieds. L'aînée des sœurs Spellman, Zelda, avait drapé un châle sur sa chemise de nuit.

— Il n'y en a plus pour longtemps, murmura-t-elle, les yeux brillants.

Ding... ding... ding...

Sa jeune sœur, Hilda, la suivait avec moins de légèreté. Son pyjama de soie bleue dévoilait sa silhouette replète. Pourtant, son impatience et son regard espiègle démentaient son âge véritable : plus de six cents ans !

... ding... ding... couic !

— Salem, siffla Hilda, ne détraque pas cette horloge !

Un miaulement strident lui répondit. Des griffes glissèrent sur le parquet ciré, agrippèrent le tapis d'escalier, et une boule de fourrure noire atterrit sur les marches. Le troisième rôdeur nocturne se lustra le poil à grands coups de langue. Puis il bondit pour rattraper ses compagnes humaines.

... ding... ding... ding.

L'étrange cortège s'immobilisa devant la porte d'une chambre fermée. Hilda allait la franchir sans l'ouvrir quand Zelda la retint :

— Elle a seize ans depuis quelques secondes.

Passant devant sa sœur, elle poussa doucement la porte.

La pièce était vaste, comme dans une maison ancienne, mais avec une décoration résolument moderne. Dans un coin, le bureau croulait sous des fournitures scolaires. Salem renifla avec mépris : des vêtements traînaient un peu partout ! Dégoûté, il fila à son poste habituel, près de la baie vitrée.

Au centre de la pièce, quelques centimètres au-dessus du lit, planait une adolescente endormie. Elle portait une chemise de nuit blanche. Ses longs cheveux blonds dansaient gracieusement dans le vide.

Zelda joignit les mains en s'extasiant :

— Regarde, Hilda ! À peine minuit et elle lévite déjà !

Hilda s'approcha du lit :

— Réveillons-la ! Il faut qu'elle sache !

— Non, dit Zelda d'une voix ferme. Laissons-la dormir. Elle commence demain dans un nouveau lycée. Sans compter que la première lévitation est un peu... spéciale !

— Tu as raison, acquiesça Hilda, se

rappelant comment elle-même s'était cognée aux murs la toute première fois dans son sommeil.

Les deux sœurs, plongées dans leurs souvenirs, contemplèrent avec attendrissement la silhouette endormie.

— J'ai du mal à imaginer que notre nièce est devenue une si grande fille, soupira Zelda. Donnons-lui le temps de s'habituer ! Elle va aller de découverte en découverte !

— Du genre : on a encore de l'acné à six cents ans ? grogna Hilda.

Sabrina s'agita dans son sommeil. Zelda agrippa la manche du pyjama de Hilda :

— Partons avant qu'elle ne s'éveille.

Elles se dirigèrent sans bruit vers la porte. Zelda jeta un dernier coup d'œil à l'adolescente qui flottait au-dessus de son lit et au chat noir tapi près de la fenêtre.

— Elle est si mignonne, si innocente, murmura-t-elle. La parfaite petite sorcière.

1

Un étrange anniversaire

Au matin, la chambre de Sabrina évoquait un champ de bataille. La porte de la penderie était grande ouverte. Le lit et le plancher disparaissaient sous des piles de vêtements jetés en tas.

Face à son miroir en pied, Sabrina s'observait. Elle avait un pied chaussé d'une basket, l'autre, d'une chaussure à talon. Le reste ne lui avait pris qu'une heure d'hésitations : elle avait choisi un jean noir et une chemise rouge. Seules les chaussures posaient problème.

— Qu'en dis-tu, Salem ?

Le chat, bien sûr, resta immobile et ne répondit pas.

— C'est ça, fais donc ton yoga ! marmonna la jeune fille.

— Sabrina ! cria Zelda au bas de l'escalier. Tu vas être en retard.

Un regard au réveil obligea l'adolescente à se décider.

— Va pour les baskets, décida-t-elle.

Elle lança les talons hauts dans la penderie, enfila l'autre basket et noua les lacets à la hâte. Puis elle jeta son sac à dos bourré de fournitures scolaires sur son épaule et prit le chat dans ses bras. Après un dernier coup d'œil au fouillis, elle claqua la porte derrière elle et dévala l'escalier quatre à quatre.

La cuisine équipée des Spellman était agréable et disposait de tout le confort moderne. Des marmites en fonte et autres casseroles de cuivre pendaient aux murs de brique rouge. Un large comptoir isolait la cuisinière du coin repas. Des portes-fenêtres ouvraient sur une cour à l'arrière de la maison. Les murs peints en bleu et les portes blanc cassé rendaient la pièce lumineuse.

À la table du petit déjeuner, Hilda engloutissait ses œufs au bacon.

Elle chassa les miettes incrustées aux coins de sa bouche et se retourna pour accueillir sa nièce. Zelda contourna le comptoir.

— Bonjour ! lança joyeusement Sabrina en confiant Salem à Hilda.

— Joyeux anniversaire, ma chérie ! répondit Zelda. En avant les surprises ! J'ai un petit cadeau pour toi.

Elle lui tendait un objet emballé de papier cadeau. Hilda, gênée, ajouta en souriant :

— Euh... c'est de notre part à toutes les deux. J'ai juste oublié de signer la carte.

Zelda la fusilla du regard avant de donner son cadeau à Sabrina.

— J'espère que tu n'en as pas déjà un !

Sabrina prit le paquet qui lui parut lourd. Elle déchira le papier et exhiba son présent : un faitout en fonte noire.

— Une marmite ! s'exclama-t-elle, déconcertée. Non, je n'en avais pas. Merci infiniment !

— En fait, c'est un chaudron, corrigea Zelda.

— Super, encore mieux ! dit poliment Sabrina. Ce sera parfait pour ranger mes crayons...

— Ce n'est pas à ça que ça sert, lança Zelda.

Elle inspira profondément avant de déclarer :

— Sabrina, voilà, nous avons quelque chose à te dire.

Sabrina contempla ses tantes d'un air effaré. Que diable se passait-il ?

— Ma chérie, tu vois, il existe deux mondes : un monde réel et un autre monde, euh... surnaturel. Et... comment dire ? Selon les lois incontournables de la physique...

Hilda, qui bouillait d'impatience, interrompit les explications embrouillées de sa sœur aînée :

— Tu es une sorcière !

— Quoi ? fit Sabrina.

— Tu es une sorcière, répéta Hilda.

Elle adressa à sa sœur un sourire narquois en ajoutant :

— Voilà, maintenant, elle sait !

Exaspérée, Zelda soupira :

— Encore heureux qu'on n'ait pas dû lui expliquer comment on fait les bébés.

— Qu'entendez-vous par : « Tu es une sorcière » ? bafouilla Sabrina, les yeux ronds.

Zelda reprit :

— Je sais que c'est un choc. Mais tu n'es pas seule, chérie. Je suis une sorcière. Hilda en est une. Ton père est sorcier.

— Et ma mère aussi, je parie ? plaisanta Sabrina.

— Non, la détrompa Zelda. Ta maman est une simple mortelle. Et si tu habites chez nous, c'est justement pour qu'on t'apprenne à utiliser tes pouvoirs magiques.

Sabrina se mit à rire. Attrapant son sac à dos, elle se leva.

— Très drôle ! Vous avez réussi à me faire oublier que c'était la rentrée. Je file prendre le bus pour gagner l'autre monde !

Elle sortit par la porte-fenêtre. Salem la suivit et se percha sur la balustrade du porche.

— On en reparlera plus tard, l'avertit

Zelda. Bonne chance pour ton premier jour !

— Et, surtout, pas de gestes incontrôlés avec tes mains ! cria Hilda.

Sabrina gratta la tête du chat.

— Mes tantes sont adorables mais un peu bizarres, tu ne trouves pas ? chuchota-t-elle.

Dès qu'elle eut tourné le coin de la rue, Salem prononça distinctement :

— Tu ne sais pas encore à quel point !

Le lycée de Westbridge était un bâtiment en brique à deux étages qui ressemblait plus à une forteresse qu'à un établissement scolaire.

Mortellement intimidée, Sabrina se rendit vite compte qu'elle avait commis une grave erreur. Elle avait tout faux avec ses baskets. La majorité des filles portaient des talons qui claquaient sur le vieux lino. Elle tenta de passer inaperçue.

Raté ! Un trio de pom-pom girls la dévisageait déjà avec dédain. Leur chef, une brune hautaine, lui adressa un regard glacial en reniflant d'un air méprisant. Les deux autres éclatèrent de rire, avant de passer leur chemin comme si elles avaient croisé un clown au nez rouge.

Furieuse et humiliée, Sabrina se rua vers sa salle de cours. À travers la porte vitrée, elle entrevit un garçon adorable. Grand, mignon comme tout, il lui adressa un gentil sourire dès qu'il l'aperçut. Sabrina se sentit beaucoup mieux. Pas pour longtemps, hélas ! Car le professeur arrivait : un type mince, avec l'expression de quelqu'un qui boirait du vinaigre au petit déjeuner.

— L'été est fini, lui dit-il d'une voix acide où perçait cependant un soupçon de gentillesse. Puisqu'il faut y aller, allons-y !

Sabrina pénétra à sa suite dans la classe où elle repéra un tabouret vide. Au tableau, le professeur inscrivait déjà son nom, d'une écriture penchée.

— Je suis M. Pool, annonça-t-il. Vous pensez que je vais passer le cours à faire l'appel ? Eh bien, pas du tout ! Entamons sans tarder votre programme de biologie.

S'emparant d'une baguette, il désigna un schéma agrandi de grenouille.

— La grenouille est un vertébré à sang froid. Vous allez disséquer cet animal pour examiner les reins, le cœur... et qui sait ? découvrir à quoi rêvent les batraciens !

Quelques rires saluèrent sa plaisanterie.

— À vous de choisir le partenaire pour vos expériences de laboratoire. Vous travaillerez toujours par groupes de deux.

Le silence tomba sur la classe. Personne ne réagit.

— Je peux aussi vous assembler par paires en fonction de votre taille, menaça M. Pool.

Aussitôt, les lycéens se groupèrent par affinités. À la table voisine, Sabrina repéra le beau garçon au sourire renversant. Il croisa son regard et murmura :

— Euh, tu veux bien...

— Je serai ta partenaire de labo, Harvey ! lança la fille brune qui avait toisé Sabrina avec mépris.

Harvey, embarrassé, sourit poliment à la pom-pom girl :

— Entendu.

Sabrina enrageait : elle lui avait fauché Harvey sous le nez. Quel culot ! Elle bouillonnait intérieurement quand elle vit venir vers elle une fille mince auréolée d'une incroyable crinière rousse.

— Salut, je suis Jenny Kelly. Tu veux bien qu'on se mette ensemble ?

— Ça serait génial, affirma Sabrina, soulagée.

Elles s'installèrent devant un plateau de vivisection où reposait une grenouille morte.

M. Pool fit les cent pas entre les tables.

— Bien, faites connaissance avec votre animal. Mais, vu la triste fin de l'histoire, ne vous y attachez pas trop !

Jenny sourit à Sabrina :

— Et si on l'appelait Tad ?

— D'accord, approuva Sabrina. Sympa de ta part de m'avoir choisie.

— Oh, j'étais nouvelle l'an dernier. Je sais ce que c'est !

— En ce cas, puis-je te poser une question ? Est-ce que tu as parfois l'impression d'être à côté de la plaque ?

— Tout le temps ! avoua Jenny, piteuse. En fait, ça m'arrange. J'aime bien être à part. Les marginaux réussissent plutôt mieux dans la vie. Quand je vois Libby – elle désigna la pom-pom girl qui battait des cils pour séduire Harvey – je pressens pour elle un avenir tragique.

— Pourquoi ? s'écria Sabrina, interloquée. Je parie qu'elle est la fille la plus populaire du lycée !

— Exact, elle est déjà au sommet. Tout ce qu'elle risque, c'est de tomber de son piédestal et de dégringoler lentement pour le restant de ses jours. Triste, non ?

Un visage se glissa entre elles :

— Mesdemoiselles, votre bavardage assomme cette grenouille. Puisqu'elle est morte d'ennui, tranchez et coupez ! ordonna malicieusement M. Pool.

— J'ai horreur de ça, grimaça Sabrina. Si seulement il existait un moyen de ressusciter cette pauvre bête.

Elle examina le corps flasque de Tad.

— Le cœur doit se trouver par là, ajouta-t-elle en pointant du doigt.

Une étincelle minuscule jaillit du bout de son ongle, effleura la grenouille, et l'animal retrouva instantanément une belle couleur verte. Ses pattes postérieures se contractèrent.

— Regarde ! s'écria Sabrina. Tad est vivant !

Tad roula sur le ventre et exécuta quelques sauts. Hurlant de joie, Jenny le rattrapa avant qu'il bondisse de la table :

— Waouh, c'est Frankenrainette ! M. Pool, notre grenouille gigote toujours.

Une fille s'évanouit à la table voisine.

— Ah, ils vont m'entendre, au Service d'anatomie ! maugréa M. Pool.

Ravie de cette résurrection miraculeuse, Sabrina se dirigea vers les toilettes pour chasser l'odeur du formol. Voici quelques heures à peine, sa rentrée scolaire la paniquait. Or, les choses se présentaient plutôt bien, finalement. Rassurée, elle poussa la porte...

Aussitôt, elle sut qu'elle se trouvait en territoire ennemi. Libby se pavanait devant le miroir, encadrée par sa fidèle escorte : Sissi et Jill. Les lavabos étaient encombrés de blush, mascara et autres tubes de rouge à lèvres.

— Tu as vu le nouveau ? roucoulait Libby. Il est trop craquant !

Toutes trois riaient. Elles stoppèrent net en voyant le reflet de Sabrina dans la glace. Libby fit volte-face.

— On peut t'aider ? glapit-elle.

— Je voulais juste me laver les mains, s'excusa Sabrina. La grenouille, tu vois...

Libby lui désigna le lavabo, comme une impératrice qui ferait l'aumône à un lépreux :

— Ce n'est pas gentil de ta part d'accuser une pauvre bestiole sous prétexte que tu sens mauvais, susurra-t-elle.

Jill et Sissi pouffèrent. Sentant la rage monter en elle, Sabrina répliqua du tac au tac :

— Moi, au moins, je ne m'inonde pas d'after-shave pour rêver à mon petit ami de l'été.

— Comment sais-tu ça ? fit Libby, écarlate de fureur.

— Euh, je l'ignore, balbutia Sabrina, abasourdie.

Elle n'en revenait pas ! Elle avait touché juste ! Sans réfléchir !

— Ce doit être mon sens de l'odorat extrêmement développé, suggéra-t-elle.

— Ben voyons, ricana Libby.

Sabrina se sécha rapidement les mains.

— J'y vais.

En passant devant Libby, elle ne put s'empêcher d'ajouter :

— On verra plus tard si je peux toujours te sentir !

Libby tenta de reprendre le contrôle de la situation. Elle tendit un doigt menaçant en direction de Sabrina.

— Une seconde, dit-elle. Ne remets plus les pieds ici. Il y a des toilettes réservées aux ringardes de ton espèce !

Les trois filles reprirent leur maquillage, installant un silence méprisant entre elles et leur nouvelle tête de Turc.

Sabrina leva le doigt pour singer le geste impérieux de Miss Chipie. Elle le pointa sur le dos de Libby avant de se diriger vers la porte.

Un cri d'effroi la fit se retourner. Comme prise de folie, Libby se barbouillait convulsivement de rouge à lèvres. Horrifiée, elle ne pouvait s'empêcher de se peinturlurer le nez, les joues...

Sabrina quitta les toilettes à toute allure. Elle s'attendait à des surprises pour sa première journée à Westbridge, mais à ce point ! Que diable se passait-il ?

2

Sabrina, c'est Papa !

— Salut, me voilà ! lança Sabrina en entrant dans la cuisine.

Personne ne répondit.

— Où êtes-vous passées ? Coucou ! Je suis rentrée !

Ses tantes avaient pourtant promis d'être là pour l'accueillir à son retour du lycée. Étonnée, Sabrina poussa la porte de la salle à manger.

Comme les autres pièces de la maison, celle-ci était haute de plafond et éclairée par de grandes fenêtres. Tous les vases débordaient de fleurs. Sur la table trônait un gâteau glacé où était inscrit « Joyeux Anniversaire, Sabrina ».

— Surprise ! crièrent Hilda et Zelda en sortant de leur cachette.

— Oh ! une petite fête, comme c'est gentil ! s'exclama Sabrina.

Juché sur un tabouret, un bol de lait devant lui, le chat Salem arborait un chapeau pointu.

Ses tantes avaient joliment dressé la table et mis leurs plus belles robes. Zelda prit un livre sur le buffet et le plaça sur un lutrin.

— Le cadeau de ton père, annonça-t-elle.

Sabrina s'approcha d'un album très épais. La couverture en cuir était ornée d'éclats de pierres précieuses. Un signet de satin rouge dépassait de la tranche.

« Bof, un livre, un chaudron... J'aurais préféré des vêtements ! » se dit Sabrina, déçue.

Pour masquer son désappointement, elle se pencha sur l'ouvrage. Le titre, *À la découverte de la magie*, était gravé en lettres enluminées. Elle feuilleta le gros volume. Le papier, épais comme du parchemin, comportait d'étranges illustrations : des schémas du corps humain relié, point par point, aux différentes planètes ; des planches botaniques assorties de formules incompréhensibles...

À droite de la page marquée par le signet, Sabrina découvrit le portrait d'un magicien coiffé d'un haut-de-forme démodé. La légende signalait sobrement : Edward.

Le cœur de Sabrina fit un bond. « Il ressemble à Papa ! Tout s'explique ! »

À cet instant, le parchemin se brouilla, se métamorphosant en une sorte de vitre derrière laquelle se tenait un personnage vivant. Il leva même des yeux malicieux vers Sabrina.

— Surprise, c'est Papa ! déclara-t-il. Joyeux anniversaire, ma chérie !

Sabrina éclata de rire.

— Ça alors ! fit-elle à ses tantes. Dans quelle boutique high-tech avez-vous déniché ce cadeau inouï ? Il sait dire autre chose ?

— Je ne suis pas un hologramme, mon cœur, corrigea Edward Spellman depuis la page du livre. Je me trouve simplement dans un royaume différent.

— Un royaume différent ? Je te croyais à Toronto.

La voix d'Edward Spellman enfla :

— Zelda, Hilda, vous aviez juré de révéler à Sabrina qu'elle est une sorcière !

— Elle ne nous a pas crues, se défendit Zelda.

— On aurait sans doute été plus crédibles avec nos chapeaux pointus, s'esclaffa Hilda.

— Sauf que j'ai perdu le mien, avoua Zelda, piteuse.

— Stop ! intervint Sabrina en refermant le livre. Vous avez voulu me faire une jolie farce mais, maintenant, on arrête.

— Non, rugit Hilda, ça ne fait que commencer, car tu *es* sorcière.

— Avec de réels pouvoirs magiques, claironna Zelda. Puisque tu as seize ans, tu peux désormais les utiliser. C'est le plus fabuleux cadeau dont on puisse rêver, non ?

Sabrina ne voulait rien entendre :

— Vous essayez de me persuader que je ne suis pas la personne que je crois être ? Vous ne seriez pas des tantes ordinaires ? Et mon père vivrait dans un livre ?

— Enfin, elle a tout compris !

Sabrina leva les bras au ciel :

— C'est de la folie ! Je monte dans ma chambre. Salem, viens !

Elle gagnait la porte quand elle entendit la réponse du chat :

— Aurais-tu l'amabilité d'attendre que j'aie fini de boire mon lait ?

Abasourdie, elle fit volte-face, dévisagea Salem puis ses tantes :

— J'ai rêvé ou le chat vient de parler ?

— C'est bien moi, répliqua Salem. Et j'aimerais assez que tu ôtes ce chapeau stupide de ma tête.

— Oh, mon Dieu ! glapit Sabrina en se ruant dans l'escalier.

Zelda se tourna vers sa sœur :

— Il vaut mieux laisser son père s'en occuper. N'est-ce pas, Edward ? fit-elle en s'adressant au parchemin.

Le gros livre flotta dans l'espace puis décolla vers le premier étage. Quand Sabrina parvint à la porte de sa chambre, il s'y trouvait déjà. Elle poussa un cri et se précipita dans la pièce. Le livre la suivit. Elle l'attrapa au vol, l'envoya valser sur son bureau et se jeta sur son lit.

— Sabrina ! Ouvre-moi ! ordonna la voix étouffée de son père.

— Non !

— J'ai à te parler jeune fille, je t'ordonne de m'ouvrir sur-le-champ !

— Non, non et non ! Je refuse de parler à un livre !

Au bord des larmes, elle mit un moment à se calmer. Puis elle s'approcha lentement du bureau, où le livre s'était tu. D'une main tremblante, elle l'ouvrit à la page où se trouvait le portrait de son père, en balbutiant :

— Je ne peux pas être une sorcière. Les sorciers n'existent pas.

Le magicien la considéra avec une expression que Sabrina connaissait bien : pas de doute, c'était vraiment son père !

— Mon cœur, je sais que c'est dur à accepter, dit tendrement Edward Spellman. Mais tu dois t'y faire. Tu n'es pas comme les autres. Tu es quelqu'un de très spécial...

— Je ne veux pas être spéciale. Je veux être une fille comme les autres.

— Je m'en doute. Mais les dés sont jetés.

— Je n'y comprends rien. Et pourquoi ça m'arrive à moi ? se plaignit Sabrina. Depuis des années, je croyais que tu étais toujours en voyage parce que tu travaillais aux Affaires étrangères...

— C'est le cas. Simplement, les affaires dont je m'occupe sont plus étranges que tu ne le pensais.

Un soupçon soudain étreignit Sabrina :

— Et Maman ? Elle est vraiment archéologue et recherche des fossiles au Pérou, n'est-ce pas ?

— Exact.

— Alors, je veux aller vivre avec elle !

— Impossible, ma chérie ! Tu vois, nous devons obéir à des règles bizarres. Si tu rencontrais ta mère avant tes dix-huit ans, elle serait aussitôt transformée en cire.

— Quoi ? ? ?

— On décourage ainsi les mariages entre sorciers et mortels.

— Et c'est pour ça que Maman et toi avez divorcé ?

— Euh, pas exactement...

Dans la voix hésitante de son père, Sabrina entrevit un peu d'espoir :

— Alors, vous pourriez revivre ensemble tous les deux ?

— Euh... je ne crois pas. Là aussi, les dés sont jetés, j'en ai peur ! répondit Edward en regardant affectueusement sa fille. Tout va bien se passer, ma chérie. Prends le temps d'y réfléchir. Et si jamais tu as besoin de moi, tu me trouveras à l'index alphabétique du livre.

Le visage d'Edward Spellman se brouilla. Il redevint un portrait gravé sur une page de parchemin que Sabrina contempla longtemps sans bouger.

Les sœurs Spellman jouaient aux cartes dans la salle à manger. Elles s'étaient fait du thé, avaient découpé le gâteau et le savouraient tranquillement.

— Quatre as ! annonça Hilda, la bouche pleine.

— Tu triches ! répliqua Zelda.

— Pas du tout !

— Si !

— Non, je te dis !

— D'accord, les interrompit Sabrina en s'installant à table. J'ai parlé à Papa et, bon, je veux bien admettre que je suis une sorcière.

— Parfait, approuva Hilda, enchantée. De toute façon, tu n'as pas le choix.

— Hé ! Si on faisait un peu de magie ? proposa Zelda.

Elle alla prendre une orange dans la coupe de fruits posée sur le buffet.

Le visage de Sabrina s'illumina.

— Je pourrais changer une citrouille en Porsche ? demanda-t-elle, tout excitée.

— Carrément ! approuva Hilda.

— Commençons plutôt par le b a-ba, suggéra Zelda.

Elle positionna l'orange au centre de la table, se plaça derrière Sabrina et pointa son index en direction du fruit :

— Orange en banane. Concentre-toi et pointe. Vas-y, essaie !

Le front plissé, Sabrina pointa du doigt en chantonnant dans sa tête : « Orange en banane, orange en banane, orange en... »

L'orange commença à se déformer. Auréolée d'étincelles, elle s'étira, se bossela. Des écailles apparurent, coiffées d'un plumet de feuilles : un ananas !

— Banane... ananas, ça se ressemble, l'encouragea Zelda.

— Pfff, ça n'a rien à voir ! ironisa Hilda.

Zelda la fusilla du regard.

— Essaie encore, conseilla-t-elle à Sabrina.

Sabrina leva la main, prête à pointer du doigt, puis elle la laissa retomber :

— J'ai l'air idiote ! ronchonna-t-elle.

— Qu'est-ce que tu dirais si tu devais tortiller du nez ? lança l'incorrigible Hilda.

— Allez, essaie encore, insista Zelda en plaçant une autre orange au centre de la table. Concentre-toi. Orange... en banane.

Sabrina leva la main et pointa l'index.

— Je ne suis pas douée, se lamenta-t-elle, deux douzaines d'ananas plus tard.

— Tu apprendras à contrôler ta magie, promit Zelda en lui caressant les cheveux. Regarde, tu as déjà réussi à faire apparaître de quoi accompagner un cochon de lait entier !

Sabrina était une battante. Une idée lui vint. Contournant la table, elle s'approcha du tabouret d'où le chat avait suivi ses tentatives avec un petit sourire suffisant. Elle pointa :

— Dernier essai. Salem en banane !

— Je crois que ça suffit pour ce soir ! rugit Salem en agitant la queue.

— Il a raison, glissa Hilda en refermant prestement la main de sa nièce. Range-moi cet index. Demain, tu as cours.

— Quoi ? Je suis sorcière et je dois quand même aller au lycée ?

— Eh oui ! affirma Zelda

— C'est pas juste ! râla Sabrina. Oh, mais... je pourrais transformer M. Pool en...

— Halte-là ! Désormais, tu fais très attention quand tu montres quelqu'un du doigt. Ça peut être dangereux, l'avertit Hilda en la menaçant elle-même de son index.

— Hé, mais tu viens de pointer le doigt sur moi !

— J'avais mis le cran d'arrêt ! gloussa Hilda. Allez, ouste ! Au lit, l'apprentie sorcière !

3

Une journée maudite

Sabrina flottait dans sa chambre quand son réveil sonna. Elle ouvrit les yeux, ce qui mit fin à sa lévitation. Elle tomba comme une pierre sur son lit.

— Ouille ! Quel réveil, même pour une sorcière !

Une heure plus tard, elle rejoignit ses tantes qui picoraient des tranches d'ananas à la cuisine. Il ne lui avait fallu que trois quarts d'heure pour choisir sa tenue : jean noir et chemise assortie. La magie s'appliquerait-elle aussi aux questions vestimentaires ?

Zelda lui adressa un grand sourire.

— Bonjour ! lança Sabrina.

— Tu veux de l'ananas ? proposa Hilda.

Secouant la tête, Sabrina alla chercher une bouteille de jus d'orange dans le réfrigérateur.

— Tu vas être en retard, l'avertit Zelda.

— Et alors ? rétorqua-t-elle gaiement. Je suis une sorcière. Je dois pouvoir remonter le temps, non ?

— Non, fit Zelda la bouche pleine. Une sorcière n'utilise pas ses pouvoirs pour être à l'heure. Leçon numéro 2, règle n° 1 !

— Tu plaisantes ?

— Non.

— Alors, je file ! Je sens que le bus arrive !

Empoignant son sac à dos, Sabrina se rua vers la porte d'entrée.

Pendant le trajet en bus, elle observa ses voisins du coin de l'œil. Allaient-ils la trouver changée depuis la veille ? Le mot « sorcière » était-il inscrit sur son front ?

Le lycée lui parut aussi intimidant que le matin de la rentrée. Perdue dans la foule des élèves, elle se sentait toujours à côté de la plaque. Mais quand Jenny courut à sa rencontre, elle se rassura : « Voici au moins une personne contente de me voir. »

— Bonjour ! dirent-elles en même temps.

Ravies de se voir, les deux filles gagnèrent en riant la salle de cours. Plus tard, Sabrina se dirait que cela avait été le seul bon moment d'une journée maudite. Pour l'instant, elle était plutôt détendue.

Mme Hecht, leur professeur d'histoire, décida de tester leurs connaissances avec une interrogation surprise. Cette femme au visage d'ange s'avéra impitoyable et les bombarda de questions avec la brutalité d'un Grand Inquisiteur. En rendant leur copie au bout d'une heure, lessivées, Sabrina et Jenny quittèrent la salle en titubant.

— Merci d'être venus, gazouillait Mme Hecht. J'espère que vous avez apprécié ce quiz.

— Je suis nulle en histoire, se lamenta Jenny.

— Moi aussi, avoua Sabrina. Comment se souvenir de choses qui se sont passées il y a si longtemps ?

Avant que Jenny puisse répondre, un ballon de foot jaillit dans le couloir.

— Baissez la tête ! hurla une voix.

Trop tard. Sabrina reçut le ballon en plein front.

— Aïe !

— Hé, faites un peu attention ! cria Jenny avant de demander à son amie si ça allait.

Sabrina était trop mortifiée pour répondre. Tout le monde l'avait vue dans cette situation humiliante. Elle eut encore plus honte quand elle s'aperçut que Libby et sa bande la suivaient. La chipie brune haussa les épaules en la dépassant :

— Alors, on était dans les nuages ? Pauvre ringarde !

D'accord, ce n'était pas « sorcière » qui était inscrit sur son front, mais « ringarde ». Et qui sait si elle ne portait pas dans le dos un écriteau avec « Cognez-moi dessus » ?

Tout alla de mal en pis jusqu'à l'heure du déjeuner. Ayant enfin déniché une place libre dans la cafétéria bondée, Jenny et elle se détendirent un peu. Sabrina observa les lieux. Soudain, elle sursauta.

— Heu... Puis-je m'asseoir ici ? questionna une voix masculine.

Harvey ! Enfin une bonne nouvelle ! Ils

allaient déjeuner ensemble. Habillé d'un jean noir et d'un sweat-shirt XXL, il se dandinait devant elles, portant un plateau bourré de plats.

Sabrina remarqua son beau sourire timide. La chance allait-elle enfin tourner ?

— Tu es le bienvenu, acquiesça-t-elle, ravie.

Le visage de Jenny s'était illuminé aussi. Harvey à leur table ! Quel coup de maître !

Une fois installé, Harvey considéra Sabrina avec inquiétude :

— Comment va ta tête ?

— Ça fait mal...

« Oh, non ! Il m'a vue prendre ce ballon en pleine figure, la honte ! » se dit-elle, effondrée. Pour un peu, elle se serait cachée sous la table.

— Désolé, fit-il, je n'avais pas l'intention de t'assommer. Pardon.

— Alors, c'était toi, s'écria Sabrina en rougissant. Ça, on peut dire que tu as du punch !

— Merci ! J'aimerais faire partie de l'équipe mais l'entraîneur estime que je dois prendre dix kilos de plus, précisa-t-il en indiquant son plateau surchargé.

Ils se turent, aussi intimidés l'un que l'autre. « Vite, un autre sujet de conversation ! » s'affola Sabrina.

— Tu connais Jenny ? dit-elle.

Harvey dévisagea la jolie rousse :

— Tu habites la maison qui a cette drôle de boîte aux lettres ?

— Ce n'est pas de notre faute, s'excusa Jenny, embarrassée. En fait, les gens qui habitaient là avant nous s'appelaient Pourceau... D'où le cochon rose...

— Je la trouve super ! lança Harvey avec un grand sourire. Je suis un fan des boîtes aux lettres originales et la nôtre est tellement banale...

— La mienne aussi ! fit Sabrina, soudain d'excellente humeur.

Mais le destin vint obscurcir ce bref instant de bonheur. Cette ombre avait la forme de Libby qui se dirigeait avec son plateau vers la poubelle. Ignorant Sabrina, elle s'arrêta à leur table et battit des cils en direction d'Harvey.

— Salut, Harvey, roucoula-t-elle. J'organise une soirée chez moi samedi soir. Tu viens, bien sûr !

— Euh, oui, fit-il, pris de court. Je n'ai rien de prévu.

— Parfait ! J'ai invité tous les gens « cool » de la classe.

En se détournant, elle secoua son plateau. Un verre de jus de raisin à moitié vide se renversa, éclaboussant la chemise de Sabrina.

— Oh, non ! s'écria Libby, faisant mine d'être désolée. Cette fois, c'est moi qui ne pourrai plus te sentir !

— Tu l'as fait exprès ! cria Sabrina, furieuse.

— Prouve-le ! rétorqua Libby sans même se retourner.

— C'est trop facile ! Reviens, qu'on s'explique ! haleta Sabrina en pointant un doigt vengeur vers la pom-pom girl qui s'éloignait.

Ses mots résonnèrent dans la cafétéria qui s'assombrit brusquement. La température chuta. Il y eut un coup de tonnerre suivi d'un vent violent qui balaya tout sur son passage.

— Tout le monde sous les tables, une tornade ! hurla quelqu'un.

Affolée et fascinée, Sabrina sentit son corps vibrer, comme animé par une énergie incontrôlable. Du bout de son index pointé dans le dos de Libby jaillit une étincelle. L'odieuse pom-pom girl disparut comme par enchantement.

La cafétéria redevint silencieuse. Peu à peu, des têtes émergèrent de sous les tables. Le bras de Sabrina retomba.

— Où... où... où est partie Libby ? bégaya Jenny.

— Aucune idée, répondit Sabrina, figée comme une statue au centre de la pièce.

Elle vit alors un ananas à l'endroit précis où aurait dû se trouver... Libby !

4

Le Conseil des sorciers

Paniquée, Sabrina rentra chez elle à toutes jambes, l'ananas-Libby sous le bras.

« Faites qu'elles m'aident ! Au secours ! » suppliait-elle, affolée.

— J'ai horreur d'être une sorcière ! cria-t-elle en entrant dans la cuisine. J'ai transformé la fille la plus populaire du lycée en fruit exotique.

— Et pourquoi ? demanda Hilda, comme si ce genre d'accident arrivait tous les jours.

— C'est la seule chose que vous m'ayez enseignée ! hurla Sabrina, au bord des larmes.

Hilda déposa l'ananas sur le comptoir.

— Je vais le congeler, décida-t-elle en

brandissant un couteau de boucher. En dés ou en tranches ?

— Il y a d'autres solutions ! gronda Zelda.

— Coupé en quatre ? suggéra Hilda.

— Sabrina ignore comment inverser l'effet de sa formule magique. C'est à nous de jouer, et vite !

Zelda agita les mains au-dessus de l'ananas en chantonnant :

« *Il y a eu erreur, messeigneurs ! Le corrigé, SVP !* » Des étincelles jaillies de ses doigts auréolèrent l'ananas. Un instant plus tard, Libby apparut.

— Eh bien, voilà, fit sobrement Zelda.

— Qu'est-ce que je fais dans cette cuisine ? demanda Libby d'une voix tremblante.

— Euh... tu es venue nous rendre une petite visite..., hasarda Sabrina.

— Sûrement pas ! rétorqua Libby, en s'efforçant de reprendre le contrôle de la situation. Je sais que tu m'as fait un truc bizarre ! Tu m'as envoyée dans un endroit minuscule où régnait une drôle d'odeur de fruits... comme sur l'île d'Hawaii...

— Écoute, Libby, je suis désolée...

— Et tu n'as pas fini de l'être ! glapit Libby, folle de rage. Tu es encore plus ringarde que je l'imaginais. Crois-moi, tout le lycée va être au courant, vite fait !

Sur ces mots vengeurs, elle disparut presque normalement. Elle franchit la porte-fenêtre de la cuisine.

— Vous voyez ? Si je l'avais congelée, on aurait pu la manger en brochette ! commenta Hilda.

Sabrina accablée, sentit peser sur elle le poids de cette journée maudite.

— J'en ai plus que marre ! maugréa-t-elle en se laissant tomber sur une chaise. Ma vie est fichue.

Zelda lui entoura les épaules d'un bras rassurant.

— Pas de panique ! Libby ne peut pas te nuire. Qui va croire son histoire insensée, hein ?

— Tout le monde la croit, se lamenta Sabrina. C'est la fille la plus écoutée du lycée. La seule solution serait d'effacer le temps et vous m'avez dit qu'une sorcière n'avait pas ce pouvoir !

Il y eut un long silence.

— Une seule sorcière, non, admit Zelda. Mais, à plusieurs...

— Alors, ce serait possible ? insista Sabrina.

— Tu peux faire appel auprès du Conseil des sorciers, dit Zelda. Mais ils ne se réunissent que pour des cas extrêmes.

— Et ils peuvent délibérer pendant des mois, confirma Hilda.

— Alors, autant faire vite ! Où puis-je les rencontrer ? demanda Sabrina.

— Ils se trouvent à des milliards d'années-lumière, expliqua Zelda.

Sabrina se renfrogna. Avec la sorcellerie, chaque pas en avant vous ramenait deux pas en arrière. On pouvait tout faire – sauf ceci, cela, sans compter le reste. Il y avait encore plus d'exceptions à la règle que de règles ! Alors, à quoi bon ?

Zelda vola à son secours. Elle se souvint d'un détail qu'elle n'avait pas encore révélé à sa nièce :

— Il existe un raccourci. Direction, la penderie du couloir !

Finalement, les exceptions à la règle avaient du bon !

Quelques instants plus tard, ses deux tantes escortaient Sabrina au premier étage. Le vaste placard où elles rangeaient le linge de maison se trouvait en face de sa chambre. Tout en gravissant l'escalier, elles lui transmirent un milliard d'informations.

— Le président du Conseil des sorciers se nomme Drell. Une tête de pioche ! Un radin ! Un tyran sans cœur ! annonça Zelda.

— C'était mon fiancé, précisa Hilda. Ça fait des siècles que je ne l'ai pas vu.

— La dernière fois, c'était juste avant leur mariage. Il n'est pas venu à l'église le jour des noces. Notre père a perdu tout l'argent versé en acompte pour la cérémonie.

— Pourquoi évoquer de mauvais souvenirs ? lança Hilda à sa sœur aînée. C'est de l'histoire ancienne. D'ailleurs, je n'avais pas envie d'un grand mariage. Après tout, je devais être sa 93e épouse...

— Oui, mais tu voulais te marier en robe blanche, avec tout le tralala...

— Désolée, les pressa Sabrina. Mon problème à moi est plus récent mais très urgent. On peut y aller ?

Elle ouvrit la porte du placard, invitant ses tantes à lui montrer la voie.

— Oh, non, pitié ! gémit Hilda. Je me suis juré de ne plus adresser la parole à Drell.

— En outre, ajouta Zelda, le Conseil appréciera que tu viennes seule. Tu tournes à gauche, derrière la pile de serviettes. Ensuite, suis les indications.

Sabrina pénétra dans le placard où régnait une douce odeur d'assouplissant. « Je suis en train de me ridiculiser ! » grommela-t-elle. Dans son dos, ses tantes lui lancèrent d'ultimes recommandations.

— Méfie-toi de Drell ! l'avertit Hilda.

— Et surtout, ne regarde pas sa taupe ! hurla Zelda.

La porte se referma sur Sabrina. Des piles de draps, de nappes, de serviettes... Un raccourci pour franchir des milliards d'années-lumière... Encore une farce de ses tantes ? Puis elle se souvint de Libby transformée en ananas et de cette journée maudite. Autant essayer de conjurer le mauvais sort. Elle plongea, mains en avant, au cas où elle se heurterait à un mur.

Mais il n'en fut rien. Un rai de lumière

l'éblouit ; elle était propulsée par une incroyable énergie. C'était si intense qu'elle en eut la chair de poule.

Soudain, elle fut dans un autre placard, presque identique au précédent. Elle poussa la porte et s'aperçut qu'elle serrait dans ses mains un torchon rose.

Cet endroit ne ressemblait à rien de connu. Elle flottait, entre de légers nuages, dans un espace bleu, comme si elle dérivait en plein ciel. Un tapis reliait le placard à une grande table couverte de vigne vierge. Devant la table, un pilier de marbre servait de piédestal à une énorme pomme verte. Une bougie fichée dans un chandelier d'argent illuminait une pile de vieux parchemins. Trois personnes, bizarrement vêtues, étaient en pleine conversation.

— Écoutez, vous autres, Cher me tanne pour qu'on lui déniche un rôle qui lui vaille un Oscar. Quelqu'un peut s'en charger ?

L'homme qui venait de parler écrivait sur un parchemin rose. C'était une sorte de géant habillé d'une tunique brodée, avec des lunettes rondes à monture noire. Ses cheveux étaient encore plus frisés que ceux de Jenny.

Il caressait distraitement une grosse taupe au poil brun blottie au creux de sa main.

À sa gauche se tenait un elfe vêtu de noir et coiffé du chapeau melon digne d'un gentleman anglais. Il adressait au géant des sourires espiègles, sans piper mot.

Plus près de Sabrina se trouvait une femme au port de reine. Ses cheveux blonds étaient relevés en chignon. La haute collerette de sa robe noire mettait en valeur son teint clair, ses lèvres vermeilles et ses yeux étincelants. Des trois, c'était elle qui évoquait le mieux les sorciers traditionnels. Une sorcière qui aurait été dame d'honneur à la cour d'Angleterre.

Quand ils se tournèrent vers elle, Sabrina se jeta à l'eau :

— Est-ce... est-ce bien le Conseil des sorciers ?

— Oui. Mais vous n'avez pas rendez-vous, que je sache, remarqua la femme blonde en se penchant pour examiner un volume ouvert devant elle. Non, vous n'êtes pas dans notre agenda. Drell, voudrais-tu recharger la chandelle ? On n'y voit goutte !

Le géant, agacé, leva son parchemin rose

vers la flamme vacillante. Aussitôt, la chandelle se redressa, dégageant une vive lumière.

— Voilà. Satisfaite, Cassandre ? ronchonna-t-il.

Sabrina se demanda si tous les sorciers se laissaient ainsi distraire par de simples détails domestiques. Si tel était le cas, elle détenait un cadeau utile qui pourrait justifier son arrivée inopinée. Ça ne coûtait rien de tenter le coup...

— Hum, fit-elle, je n'ai pas rendez-vous mais, euh, je vous ai apporté un torchon.

Le lutin exulta et lui fit signe d'approcher. Dès qu'il eut le torchon en main, il mordit dedans et le mâcha avec délices.

Drell lui lança un regard noir :

— La prochaine fois, Skippy, pense à prendre un essuie-mains.

Se tournant vers Sabrina, il ajouta d'un ton rude :

— Indiquez votre nom, votre âge et votre requête. On verra ce qu'on peut faire.

— Je m'appelle Sabrina, j'ai seize ans, je voudrais remonter le temps.

— Refusé ! Ha, ha, ha ! rugit Drell. Passons à la suite de l'ordre du jour.

Il congédia Sabrina d'un geste. Voyant qu'elle ne bougeait pas, il devint carrément soupçonneux :

— Qu'est-ce que vous regardez comme ça ? Ma taupe ?

— N... non, balbutia Sabrina. Vous ne voulez pas savoir pourquoi je veux remonter le temps ?

Cassandre, qui semblait s'ennuyer à mourir, sauta sur l'occasion :

— Laissons-la nous distraire !

— D'accord, ronchonna Drell. Allez-y ! Mais vite !

— Bon, par où commencer ? En fait, depuis la rentrée dans mon nouveau lycée, je me sens à côté de la plaque. D'abord, je n'avais pas mis les bonnes chaussures. Ça peut sembler un détail mais les jeunes sont si critiques...

— J'ai dit VITE ! rugit Drell en pointant du doigt dans sa direction.

Sabrina se mit à parler comme une cassette en position accélérée :

— J'étaisàlacafétéria. Libbyarenversésurmoisonjusderaisin. Furieusejel'aitransforméeenananas. Cen'étaitpasdemafaute. Vousneconnaissezpascettefille. Ellevamontertout-lelycéecontremoi. Etfranchement...

Drell replia son index et Sabrina poursuivit à un débit normal :

— Je n'ai jamais demandé à être sorcière. La vie est déjà assez dure quand on est une ringarde. Les autres n'ont pas besoin d'être au courant.

Dell frottait son nez contre le museau de la taupe.

— Ô ma pauvre ! Les problèmes des adolescents sont si passionnants ! lui chantonna-t-il.

Le petit rongeur le regardait sans bouger. Était-ce une taupe vivante ? Empaillée ? Sabrina détourna les yeux avant que Drell ne relève la tête.

— Nous allons réexaminer votre cas. Nous vous ferons connaître notre décision, trancha Drell.

— Mais j'ai besoin de savoir...

— Et vous saurez ! aboya Drell. Maintenant, fichez le camp !

Skippy leva les yeux de son torchon à demi mangé pour lui adresser un signe d'adieu.

Sabrina se précipita vers la porte du placard. Dans son dos, Drell roucoulait :

— Tu m'aimes, toi, hein, ma petite Taupette ?

Puis il y eut un coup de tonnerre, un éclair, et elle se retrouva chez elle.

Ce soir-là, Sabrina broyait du noir dans son lit. Blotti sur l'appui de la fenêtre, le chat ronflait doucement.

— Psst, Salem, je n'arrive pas à dormir.

Il bâilla et se lécha les babines.

— Est-ce une raison pour me réveiller ? se plaignit-il.

— Penses-tu que le Conseil des sorciers va accéder à ma requête ?

— Ce n'est pas à moi qu'il faut le demander ! Ils n'ont pas été tendres à mon sujet. Ils m'ont condamné à être un chat pendant cent ans. Et pour quel motif à ton avis ?

— Je l'ignore. Raconte-moi, fit Sabrina, intriguée.

— Quand j'étais un tout jeune sorcier, je rêvais de dominer le monde. Hélas, c'est une chose que le Conseil ne peut tolérer.

— Waouh ! Je comprends maintenant pourquoi tu es si possessif avec le canapé.

— Tu imagines un peu : moi, empereur de la planète, la gloire ! Et me voici en animal domestique...

— Allez, ta vie n'est pas si terrible. Tu fais cent siestes par jour.

— Je ne peux pas danser. Je ne peux pas jouer au squash. La seule chose qui me donne le sentiment d'exister est le bruit de l'ouvre-boîtes.

Il avait l'air horriblement déprimé.

— Salem, lui proposa gentiment Sabrina, tu aimerais que je t'apporte ta souris en caoutchouc ?

Il tenta de rester digne. En vain.

— Oui, s'il te plaît, dit-il d'une petite voix.

Le lendemain matin, Sabrina s'assit dans la cuisine avec Zelda. Hilda dévala l'escalier à son tour.

— Des nouvelles du Conseil ? demanda-t-elle.

— Pas encore, geignit Sabrina.

Un bruit sourd résonna. Une enveloppe blanche jaillit du grille-pain.

— La voilà ! annonça Zelda.

— La réponse ? s'écria Sabrina, interloquée.

Elle alla chercher l'enveloppe.

— Attention ! Ne te brûle pas ! l'avertit Zelda.

« S'il vous plaît, s'il vous plaît, s'il vous plaît... », suppliait Sabrina en ouvrant l'enveloppe.

Elle était vide. Rien. Pas un mot.

— Requête refusée ! Hé, hé, hé ! tonna la voix moqueuse de Drell.

Son rire envahit la cuisine. Sabrina s'affala sur la table. Zelda lui caressa les cheveux.

— Désolée, mon trésor.

— Ça va aller, murmura Sabrina en se redressant. Alors, où va-t-on émigrer ? Il paraît que le Groenland, c'est le paradis !

Hilda décida de prendre le taureau par les cornes :

— Va chercher tes livres. Tu vas être en retard.

— Tu n'as pas compris. Je ne retourne plus au lycée !

— Oh si ! Tu es capable d'assumer ça, insista Hilda. Sinon, tu passerais ta vie à avoir peur. Du cran ! Haut les cœurs !

— Mais tout le monde va se moquer de moi. Tante Zelda, tu ne peux vraiment pas m'aider ? gémit Sabrina.

Zelda se rapprocha de sa sœur, présentant avec elle un front uni :

— Ça ne me fait pas plus plaisir qu'à toi, mais Hilda a raison.

— Pourquoi t'inquiéter du qu'en-dira-t-on ? s'enquit Hilda.

— En fait, Libby me traitait déjà de ringarde avant que ça arrive, soupira Sabrina.

— Alors, tu vois ? s'exclamèrent ses tantes à l'unisson.

— Parfait ! Je relève le défi. J'imagine que chaque école a sa tête de Turc. Autant que ce soit moi !

Sabrina ramassa son sac à dos et gagna la porte.

— Je l'étais aussi, tu sais ! lança Hilda pour l'encourager.

Zelda regarda partir sa nièce d'un air soucieux.

— J'espère qu'ils n'enduisent plus les

gens de goudron pour les recouvrir de plumes. Je détestais ça ! fit-elle tristement.

— Et merci qui ? lança Hilda soudain exaspérée. Drell ! Quel pauvre type ! Je me demande comment j'ai pu sortir avec lui !

— Mais j'y pense, tout à coup, intervint Zelda. Toi, tu pourrais peut-être le faire changer d'avis.

— Moi ? Sûrement pas ! D'ailleurs, Sabrina s'en sortira très bien. D'accord, elle sera méprisée, humiliée, exclue. Elle souffrira. Mais ça arrive dans tous les lycées. Ses blessures guériront un jour, ses cicatrices s'effaceront... Miséricorde ! Tu sais bien que je ne peux pas affronter Drell !

Bras croisés, Zelda la défiait :

— Allez, du cran ! Haut les cœurs !

Hilda hésita un moment. Puis elle gravit l'escalier en bombant le torse.

— L'heure de la vengeance a sonné, Drell ! J'arrive ! hurla-t-elle.

Elle entra dans le placard à linge et claqua la porte derrière elle. Le tonnerre gronda. Un éclair jaillit. La voix de Drell résonna :

— Hilda ! Que fais-tu là ? Hé... Nooooon ! Ne touche pas à ma taupe !

5

Tout s'arrange...

En se rendant au lycée, Sabrina se surprit à rêver d'une formule magique qui la rendrait invisible. Elle se fraya un chemin dans le couloir bondé, persuadée que chacun pensait en la voyant : « Tiens, voilà la sorcière ringarde ! » Un comité d'accueil, armé de torches pour la brûler vive, ne l'aurait pas surprise.

Plongée dans ses pensées moroses, elle sursauta quand Jenny apparut à ses côtés.

— Salut, Sabrina ! Toujours aussi en forme à ce que je vois !

Sabrina sourit, déjà réconfortée.

Tout s'éclaira enfin en cours d'histoire quand Mme Hecht annonça une interrogation-surprise. À la fin de l'heure, elle se pencha sur la copie de Sabrina :

— Excellent, Sabrina !

— Je n'arrive pas à croire que tu sois aussi forte ! commenta Jenny tandis qu'elles gagnaient le couloir.

— En fait, j'adore l'histoire ! se vanta Sabrina.

Sur ces mots, elle fit volte-face pour repérer le ballon de foot qui devait logiquement voler droit sur sa tête. Du coin de l'œil, elle entrevit Libby.

— À toi de jouer, Sabrina ! cria Harvey.

Sabrina intercepta le ballon, et la foule des lycéens applaudit.

Libby la dépassa en lui décochant un regard furieux. Sabrina sourit, impatiente de suivre le déroulement de cette journée.

Lorsque, comme prévu, Harvey demanda à l'heure du déjeuner : « Puis-je m'asseoir à cette table ? », elle se sentit plus sûre d'elle que jamais.

— Pas de problème, répondit-elle avec un immense sourire.

— Tu as fait un arrêt superbe, dit-il en s'asseyant.

— Oh, j'étais dans l'axe... Tu connais déjà Jenny ?

Harvey leva les yeux vers la jeune fille rousse :

— Oui, elle habite la maison avec une drôle de boîte aux lettres ?

Sabrina se dit qu'il était temps de prendre la situation en main.

— Tu aimerais nous accompagner au cinéma samedi soir ? proposa-t-elle à Harvey.

— Bien sûr, ce sera sympa.

— Super ! fit Sabrina.

— Super-sympa ! confirma Jenny en adressant un discret clin d'œil à Sabrina.

Libby apparut alors avec son plateau et son verre de jus de raisin.

— Harvey ! Je te cherchais partout ! J'organise une fête chez moi samedi soir. Tu viens vers quelle heure ?

Le regard du garçon passa de Libby à Sabrina :

— Désolé, je suis déjà pris.

Libby en resta bouche bée. « Oh, oh, Harvey, songea Sabrina, on ne refuse jamais rien à Miss Chipie ! » Elle ne résista pas à l'envie d'enfoncer le clou.

— Oh, quel dommage pour toi ! ironisa-t-elle. Je parie que tu rêvais d'avoir tous les gens cool du lycée.

Lèvres pincées, Libby secoua son plateau. Sabrina pointa vite du doigt. Le jus de raisin se renversa, vers le haut, éclaboussant Libby en pleine figure. Avec un cri de rage, celle-ci sortit en coup de vent tandis que toute la cafétéria éclatait de rire.

Radieuse, Sabrina surgit dans la cuisine, où ses tantes grignotaient des tranches d'ananas.

— J'adore être une sorcière ! claironna-t-elle. Figurez-vous que j'ai revécu toute la journée d'hier, mais version « conte de fées ». Le Conseil a changé d'avis !

Elle dansa autour de la pièce avant de s'élancer dans l'escalier en chantonnant :

— Mme Hecht m'a mis 20/20... Harvey a crié « Bravo » quand j'ai réussi un panier au basket... Il vient au cinéma samedi soir avec Jenny et moi... Et, waouh, je suis normale ! Salem ! Viens vite que je te raconte tout !

Elle disparut dans sa chambre.

— Bien joué, ma Sabrina ! s'écria Hilda, ravie.

Zelda lui tapota le bras :

— Tu as été formidable Hilda ! Tu n'as même pas révélé ton intervention à Sabrina...

— Oh, au départ, je voulais juste donner un coup de main à ma nièce. Et, en fait, je me suis rendu service.

— Ah bon ? Comment ça ?

Hilda lévitait presque au-dessus de sa chaise.

— Drell et moi sortons ensemble samedi soir ! annonça-t-elle, radieuse.

— Oh, non ! s'exclama Zelda, horrifiée. Tu ne vas pas recommencer ! N'oublie pas qu'il t'a abandonnée devant l'autel !

— Il avait une bonne excuse...

— Tu parles ! Il a eu trois cents ans pour la trouver !

— Et pourquoi ne pas lui donner une seconde chance ?

— Combien de siècles te faudra-t-il pour comprendre ? Drell est un pauvre type, point final !

— Peut-être. Mais toi, tu es une trouillarde. Jamais tu n'aurais osé affronter sa taupe !

Sabrina récupéra le chat, qui dormait au soleil.

— Salem, je ne joue pas au squash, mais veux-tu danser avec moi ?

Elle le prit dans ses bras et se déhancha sur une musique imaginaire. Salem, écœuré, fit la grimace :

— Pourvu que la chanson ne soit pas trop longue !

6

Des rollers ratés

Sabrina supporta mieux son nouveau lycée. Après tout, les semaines filaient à toute vitesse, malgré quelques contrariétés. Le soir, elle potassait l'antique manuel de magie pour se familiariser avec sa nouvelle vie d'apprentie sorcière.

Même sa chambre avait changé d'allure. Elle était – presque – rangée. Il lui suffisait de pointer le doigt vers sa penderie et de zapper parmi ses vêtements pour s'habiller en un clin d'œil. Elle gagnait ainsi des minutes précieuses et évitait le fouillis habituel.

Pourtant, elle n'avait pas encore acquis le réflexe de penser comme une sorcière. L'idée qu'il existait peut-être une solution magique à un problème ne lui venait pas spontanément à l'esprit. D'où l'incident de la crème glacée...

Un jour, en rentrant à la maison, Sabrina avait trouvé ses tantes statufiées dans la cuisine. S'étaient-elles trompées d'incantation ou un lutin malicieux les avait-il envoûtées en pleins préparatifs d'une potion magique ?

— Au secours ! s'affola Sabrina.

En fait, les sœurs Spellman étaient absorbées par la réalisation d'un puzzle géant particulièrement difficile qui représentait un ciel nuageux. Sans lever les yeux, la statue Zelda finit par murmurer :

— Il me faut un morceau de bleu avec un soupçon de fumée.

— Ouf ! murmura sa nièce rassurée.

Sans bouger davantage, la statue Hilda avait tendu à sa sœur aînée la pièce adéquate. Puis elle avait chuchoté à son tour :

— C'est drôle, mais quand on a des milliers d'années à vivre, on n'a pas l'impression de perdre son temps avec des puzzles.

Sabrina avait toussé ostensiblement :

— Bonjour ! Je suis là !

— Ça s'est bien passé au lycée ? avait demandé Hilda, toujours concentrée sur le tas de pièces.

— Impeccable ! Libby a renversé son plateau trois fois de suite. Je suis devenue très bonne à ce petit jeu-là.

Entre-temps, Sabrina avait ouvert la porte du congélateur.

— Zut ! Il n'y a plus de glace !

Parler de nourriture éveillait toujours l'attention de sa jeune tante. Hilda avait enfin levé les yeux pour contempler sa nièce d'un air sévère :

— N'aurais-tu pas oublié quelque chose ?

— D'accord, on ne mange pas entre les repas ! avait admis Sabrina en pensant « Ah, les adultes et leurs principes ! »

— Si tu crois que je ne t'entends pas ! avait répliqué Hilda en faisant un grand geste vers le réfrigérateur. Vas-y, sers-toi !

Sabrina avait regardé à nouveau dans le congélateur. Au milieu des légumes surgelés, elle avait découvert une demi-douzaine de pots de crème glacée. « Finalement, les sorcières adultes ont du bon ! » s'était-elle réjouie. Mais Zelda, toujours penchée sur son puzzle, avait marmonné :

— N'empêche, tu ne dois pas grignoter entre les repas !

Le lendemain matin, Sabrina consultait fébrilement son manuel de magie. Sur le couvre-lit, Salem achevait sa toilette matinale à grands coups de langue.

— Il me faut des rollers, grommelait Sabrina. Où se trouve la formule magique ? Je ne trouve rien à la lettre « R ». Salem, je t'en prie, aide-moi ! Tu te fiches complètement de mes problèmes...

Salem bâilla et entrouvrit une paupière :

— Mais non, je ne m'en fiche pas ! Au contraire ! Qu'est-ce que tu cherches ?

— Des rollers, répondit Sabrina. Mais je ne trouve rien à la lettre « R ».

— Essaie à « S », comme Sports.

Sabrina feuilleta le livre à toute allure.

— Voyons... Ah, voilà ! « Sports (événements) : Tout pour gagner, perdre ou faire match nul. Influencer un match ? Plus facile que vous ne le pensez ! »

Excitée, elle formait déjà le V de la victoire avec les doigts.

— Hé, ne plaisante pas avec cette formule magique, l'avertit Salem. J'ai parié gros sur le match de ce soir !

Sabrina continua à tourner les pages :

— Ça y est, j'ai trouvé... Sports (articles)... Ouais, ils ont des patins !

— Super, bâilla Salem. Je peux dormir, maintenant ?

— Bien sûr, acquiesça Sabrina qui étudiait déjà les instructions, les répétant à voix haute pour les mémoriser.

« Bon, d'abord une vieille boîte à chaussures. » Elle se mit à quatre pattes pour explorer la moquette sous son lit. Une seconde plus tard, elle avait déniché une boîte poussiéreuse.

« Et pour la vitesse, il me faut un présent offert par un animal véloce. » Elle arracha quelques poils à la queue de Salem.

— Ouille ! se plaignit le chat. Je te signale que je ne t'en ai pas fait cadeau.

Sabrina mit les poils dans la boîte dont elle referma le couvercle. Elle se leva et pointa du doigt : « Accourez et Roulez, Rollerblades. »

La boîte trembla, se déforma, augmenta de volume. Les rayures bleues voletèrent autour du carton, se fragmentant en lettres et dessins. Un nouvel emballage, d'assez mauvais goût, apparut.

— Ouais, ça a marché ! exulta Sabrina.

Elle examina la marque inscrite sur l'étiquette : « Rollerblabla » ?

À cet instant, Hilda fit irruption dans sa chambre :

— Sabrina, tu viens prendre ton petit déjeuner ?

— Non, merci, refusa Sabrina, dégoûtée par son échec. Je suis en plein bla-bla...

— Que se passe-t-il ? s'inquiéta sa tante.

— Elle voulait des rollers mais elle a utilisé un nom de marque dans sa formule magique, expliqua Salem.

— Oh, très mauvaise idée ! s'exclama Hilda. Nous avons des règles très strictes à ce propos. Ne jamais citer de marques.

— On peut toujours obtenir des contrefaçons au rabais auprès des sorcières de

Hong Kong, précisa Salem qui n'était pas très à cheval sur le règlement.

— Je m'en moque, se lamenta Sabrina. Je voulais juste de la qualité. Ces Rollerblabla m'ont tout l'air d'être de vieux patins à roulettes. Regarde, le pauvre gosse sur l'emballage a le bras dans le plâtre !

— Eh bien, si tu préfères du matériel de qualité, je ne vois qu'une solution, dit gentiment Hilda en lui entourant l'épaule.

— Tu vas m'offrir des Rollerblades ? s'exclama Sabrina.

— Non, répliqua sa tante. Tu vas chercher un petit boulot, comme tout le monde !

Le visage de Sabrina s'assombrit, mais Hilda se mit à la chatouiller. « Au secours ! Non ! Pas ça ! Pitié ! » supplia Sabrina en se roulant par terre.

7

Petites annonces

Un peu plus tard, Sabrina s'arrêta devant le « mur du destin » : c'est ainsi qu'on appelait au lycée le panneau où étaient affichées les petites annonces. À ses côtés, Jenny se tenait prête à la conseiller.

« Cherche baby-sitter pour triplés », lut Sabrina.

— Cette offre traîne là depuis des années, l'avertit Jenny.

Sabrina se sentait découragée. Elle se tourna vers son amie :

— Et ton job à toi ? Ils n'ont pas besoin de quelqu'un au centre équestre ?

— On cherche toujours des bras pour changer les litières. Ça donne mal au cœur mais peu de gens vomissent.

Sabrina lui sourit poliment :

— Je tenterai peut-être ma chance...

Elle consulta à nouveau le panneau.

— Waouh ! « Gagnez de l'argent en regardant la télé. »

Une main apparut et arracha l'annonce. Le temps que Sabrina se retourne, elle ne vit que le dos d'une fille qui s'éloignait à toutes jambes.

— Eh, c'était à moi ! hurla-t-elle.

— Tu n'as qu'à apprendre à te montrer plus agressive sur le marché du travail ! lui rétorqua une voix moqueuse.

— Ce n'est pas plus mal, la consola Jenny. Je suis sûre que ça aurait gâché ton plaisir d'être payée pour regarder la télévision.

— Tu as sans doute raison, soupira Sabrina qui venait de dénicher une autre annonce. Regarde, encore du baby-sitting. Ils n'ont qu'un enfant.

— Vite, prends-la !

Une autre main apparut dans le champ de vision de Sabrina. Rapide comme l'éclair, elle arracha le bout de papier, lança un regard triomphant à la fille qui avait tenté de la battre de vitesse, et se dirigea vers les téléphones.

Ceux-ci se trouvaient en face du bureau du Principal Larue. La cloche avait sonné mais elle voulait absolument décrocher ce boulot. Elle s'entretint rapidement avec Mme Gerson :

— J'ai d'excellentes références. J'adore les enfants. En fait, j'ai moi-même été enfant, plaisanta-t-elle.

— Ce soir ? Vous êtes libre ce soir ?

La voix au bout du fil était haletante comme si la femme avait été interrompue en pleine séance de tirs au but avec son fils.

— Aujourd'hui ?

— Rudy, ne mange pas cette plante ! hurla la femme, excédée. Oui, ce soir !

— Eh bien, entendu.

— Oh, merci ! Mon mari et moi avons si rarement l'occasion de sortir et, vous comprenez...

— Je dois aller en cours, l'interrompit Sabrina aussi poliment que possible.

— Non, s'il vous plaît, ne raccrochez pas ! hurla Mme Gerson. J'ai besoin de parler à quelqu'un.

— Écoutez, on bavardera ce soir, d'accord ?

Sabrina raccrocha le combiné pour se précipiter en salle de biologie. Elle entrouvrit la porte sans bruit et se glissa à sa place sur la pointe des pieds. Le dos tourné à la classe, M. Pool écrivait au tableau.

— Bonjour, mademoiselle Spellman, lança-t-il sans se retourner.

— Euh, bonjour, monsieur Pool, répondit-elle d'une petite voix.

— J'imagine que vous allez inventer une excuse cousue de fil blanc pour expliquer votre retard.

— Eh bien, en fait, j'étais...

— Laissez tomber, la coupa le professeur. Je viens juste de me rappeler que je préfère le son de ma propre voix.

Posant sa craie, il annonça :

— Ce soir a lieu la réunion de parents

d'élèves. Je suis impatient de les rencontrer. J'ai hâte de voir qui, parmi vous, est le résultat de l'évolution naturelle et lesquels sont des mutants... Ceci étant une transition habile pour entamer ce cours sur la division nucléaire des cellules qui, comme vous le savez, se décompose en anaphase, métaphase, prophase...

Les stylos se mirent à courir sur le papier. Trois quarts d'heure durant, M. Pool leur assena une foule de données complexes sans leur laisser le temps de souffler. Quand, enfin, il conclut son cours, les élèves se ruèrent vers la sortie.

— Parfait ! leur cria-t-il. Puisque nous avons bien travaillé aujourd'hui, j'avance le contrôle à demain. Bonne soirée de révisions !

Harvey fronça les sourcils :

— Mais, monsieur Pool, ce soir il y a les quarts dc finalc dc la Coupc du Mondc, sc plaignit-il.

— Vraiment ? rétorqua le professeur de sa voix sarcastique. Eh bien, puisque je serai moi-même cloué ici avec vos parents, nous allons tous rater la Coupe du Monde ! Point final.

Harvey aperçut Sabrina qui l'observait.

— Hé, lui dit-il, je me demandais si on ne pourrait pas réviser ensemble ce soir.

Sabrina sentit qu'elle piquait un fard :

— Toi et moi ?

— Traduction « toi et moi » égale « ensemble », précisa Harvey en riant.

— Oui, bien sûr, avec plaisir... Oh, non, zut ! Ce soir, je fais du baby-sitting. Mais, attends, tu peux sans doute venir.

— Alors, c'est d'accord ?

— On fait comme ça !

Harvey s'éloigna. Dès qu'il eut le dos tourné, elle lui envoya un baiser du bout des doigts.

Zelda décrocha son manteau et appela sa sœur :

— Hilda, dépêche-toi, on y va !

Pelotonné près de l'évier, Salem semblait hypnotisé par le robinet qui fuyait goutte à goutte.

— Je ne comprends toujours pas pourquoi je ne peux pas vous accompagner à cette réunion de parents d'élèves, râla-t-il.

— Écoute, Salem, c'est déjà bizarre qu'en fait de « parents » se présentent deux vieilles filles comme nous. Si on débarque avec un chat, ils vont croire qu'on sort d'un asile de fous.

Hilda descendait l'escalier en cardigan beige.

— Zelda, gémit-elle d'une voix de petite fille, touche mon front. Je crois que j'ai de la fièvre. Je ne peux pas aller au lycée.

— C'est juste une réunion de parents d'élèves.

— Mais j'ai horreur de l'école ! Et, oh, mon Dieu, j'ai si mal au ventre !

— Quand vas-tu te décider à grandir ? s'énerva Zelda. Et ne t'avise pas de détraquer le temps pour éviter de sortir !

À cet instant, Sabrina déboula tout excitée dans la cuisine :

— Regardez, il neige à gros flocons !

Zelda regarda sa jeune sœur droit dans les yeux. Hilda leva les mains pour protester de son innocence. Ce faisant, elle pointa du doigt vers la porte.

— Voilà, c'est déjà fini. Plus de neige, dit-elle. Personne n'a été blessé.

Dans la rue on entendit crisser des pneus. Écho de dérapage, heurts de tôle froissée... Hilda baissa la tête.

— Je pars pour mon baby-sitting, annonça Sabrina.

— Tu es très élégante, commenta Zelda après avoir examiné sa nièce de la tête aux pieds.

— Je veux faire bonne impression sur le bébé, prétendit Sabrina en battant des cils – parfaitement maquillés. Et puis, Harvey sera là...

— Ohhhh ! firent ses tantes à l'unisson.

— Ce n'est pas ce que vous pensez ! On va juste réviser, se défendit Sabrina.

— Hum, hum !

— Sans rire, on a contrôle demain.

— Hum, hum ! commenta à son tour Salem.

— Toi, le chat, mêle-toi de ce qui te regarde ! s'écria Sabrina. Puis elle précisa à l'attention de ses tantes : Harvey aurait pu s'adresser à Libby ! Vous imaginez ma chance ? Allez, je fonce !

— Et toi, Salem, tu fais quoi ce soir ? s'enquit Hilda.

— Dès que vous serez parties, j'écoute à la radio mon émission préférée. Je vais me régaler !

Zelda tendait déjà son manteau à Hilda.

— Bon, d'accord, on y va ! bougonna-t-elle.

8

Un charme malencontreux

Sur place, Carole Gerson se révéla aussi fébrile qu'au téléphone. Son bébé dans les bras, elle fit visiter la maison à Sabrina en lui donnant les explications indispensables.

— Le miam-miam de Rudy est dans le réfrigérateur, annonça-t-elle.

— Miam-miam, frigo, compris, répéta Sabrina.

— Je crains que nous n'ayons pas grand-chose à grignoter pour vous et votre ami.

— Ne vous inquiétez pas, on se débrouillera, affirma Sabrina.

— Chérie, il faut y aller ! s'impatienta M. Gerson.

Il avait son manteau sur le dos et tendait

le sien à sa femme. Le bébé toujours dans les bras, elle commença à enfiler une manche.

— S'il vous embête, lisez-lui « Bonsoir lune » ou faites-le sauter sur vos genoux.

— Lune, lune ! babilla Rudy.

— Et il adore qu'on l'appelle monsieur Mirliton.

En enfilant la seconde manche de son manteau, elle donna un petit coup sur le nez du bébé, qui éclata de rire. Depuis la porte, son mari lui fit signe de se dépêcher. Mais elle avait encore mille dernières recommandations :

— Il y a un moniteur de surveillance dans sa chambre. Ça fonctionne comme un talkie-walkie. S'il pleure, vous l'entendrez depuis le salon. Et voici ses friandises préférées...

— Vous comprenez pourquoi on ne sort jamais ! lança le mari exaspéré.

— On ne rentrera pas tard. Téléphonez si vous avez un problème.

Elle sortit de la maison en coup de vent, puis revint vers Sabrina.

— Je pense que vous en avez besoin, plaisanta-t-elle en confiant Rudy à la jeune fille.

Elle repartit, son mari sur les talons, qui levait les yeux au ciel.

Sabrina ferma la porte.

— Bien, monsieur Mirliton, à quoi voulez-vous jouer ?

— Nez, dit-il en tendant la main vers le visage de Sabrina.

— Tu es trop mignon !

Avec détermination, il attrapa le nez de Sabrina et le tordit d'un coup sec.

Une heure plus tard, on frappa à la porte. Sabrina courut ouvrir.

— Salut, dit-elle à Harvey. Tu as trouvé facilement ?

— Oui, facile ! C'est la seule maison avec un canard volant sur la boîte aux lettres.

— Et tu adores les boîtes aux lettres, je sais.

— Comment ça se passe ? Tu es toute rouge, constata-t-il.

Sabrina tâta avec précaution son nez endolori.

— Le bébé s'est endormi. Il n'y a que nous deux. On sera tranquilles.

Elle devint cramoisie :

— Oh, regarde cette énorme télévision ! se hâta-t-elle d'ajouter.

— Waouh ! Ça doit être géant de suivre la finale de base-ball là-dessus. Mais, bon... je suis venu pour réviser.

— Exact ! Alors, révisons.

Intimidés, ils s'installèrent chacun à un bout du canapé. Harvey eut un petit sourire gêné :

— Mes notes ne sont pas terribles... M. Pool parlait si vite !

— Travaillons à partir des miennes, proposa Sabrina en ouvrant son classeur et en se rapprochant de lui.

— Alors, la mitose ou division cellulaire..., commença Harvey.

La proximité de Sabrina le troublait. Il s'écarta, nerveux, et lança :

— Tu sais quoi ? Étudier, ça me donne faim !

— Moi aussi ! Je vais voir si je peux dénicher quelque chose.

Quelques instants plus tard, elle revenait avec un plateau chargé de biscuits et de sodas. Ils grignotèrent, ouvrirent chacun une canette puis Sabrina reprit son classeur.

— On s'y remet ?

— D'accord. Alors, la mitose est...

Le moniteur du bébé résonna dans le combiné du talkie-walkie. Rudy poussait des cris perçants.

— Je monte voir et je reviens, soupira Sabrina.

Assis dans son petit lit, Rudy, en larmes, tirait sur son pyjama.

— Tout va bien, Rudy. Tout va bien.

Sabrina alla chercher son livre préféré. Elle se mit à lire :

— « Salut, la lune. Bonne nuit, la lune... » Rudy, sois gentil. Je dois travailler avec Harvey. Et il est mignon, tu sais... Pourquoi je te raconte ça, à toi ?

Rudy, calmé, mâchonnait la couverture de son livre.

— Régale-toi, mon trésor, s'attendrit Sabrina.

Elle ferma doucement la porte et dégringola les escaliers. Harvey avait allumé la télévision. Il l'éteignit dès qu'elle arriva dans la pièce.

— Je voulais juste savoir le score, s'excusa-t-il.

— Tu adores le base-ball, hein ?

— Oh, je ne m'intéresse pas qu'au sport ! Je n'ose pas le dire à tout le monde mais, plus tard, je veux être dentiste.

— Dentiste ? Super ! Tout le monde raffole des dentistes ! s'enthousiasma Sabrina.

— Et j'ai remarqué que tu as de belles dents, dit-il en s'approchant tout près d'elle.

— Ah oui ?

— Ce n'est pas un avis professionnel. Plutôt mon sentiment personnel...

Les cris de Rudy jaillirent à nouveau du talkie-walkie.

— Désolée, je dois y retourner !

Dès la troisième marche, elle entendit que Harvey avait rallumé la télévision. En entrant dans la chambre, elle prit Rudy dans ses bras et le berça en lui tapotant le dos.

— Allons, allons, ne soyons pas grognon, monsieur Mirliton, chantonna-t-elle. Les hommes ne pleurent pas. Là, là, sois un grand garçon, grand garçon, grand garçon.

Cette incantation eut un effet quasi magique. Rudy se calma immédiatement. Elle le recoucha et lui donna son biberon qu'il se mit à téter.

— C'est mieux. Dors bien, gros père.

En quittant la chambre, elle ne remarqua pas les étincelles enchantées qui auréolaient la silhouette du bébé.

Comme elle s'y attendait, Harvey suivait le match. Il éteignit l'écran aussitôt.

— Le bébé a son biberon. Bon, on y va ? La mitose est...

— La mitose est..., reprit sagement Harvey.

À cet instant, un choc sourd ébranla le plafond, les faisant sursauter.

— Qu'est-ce que c'était ? cria Sabrina.

Harvey avait déjà repris la télécommande.

— Tu ferais bien de retourner voir le bébé, suggéra-t-il.

Elle se rua dans la chambre et pila net en voyant Rudy.

— Oh, mon Dieu ! Rudy, c'est toi ?

La question était justifiée. Le fond du

petit lit s'était affaissé ! Le bébé s'était métamorphosé en... homme ! Assis sur son matelas, vêtu d'une simple couverture, il essayait d'attraper le biberon qui avait roulé sur le tapis.

— Bib-bib..., gazouillait-il.

9

Une soirée de cauchemar

— Sabrina, tu as besoin d'aide ? cria Harvey depuis l'escalier.

Sabrina se précipita hors de la chambre et faillit se heurter à lui.

— Non, merci, tout va bien. Pourquoi ne suis-tu pas le match ?

Harvey se pencha par-dessus la rampe pour surveiller l'écran :

— C'est bientôt fini. De toute façon, on est cuits !

— Oh, non, ça ne peut pas être fini ! s'exclama Sabrina. Elle pointa vers la télévision en murmurant une formule en silence : Hé, regarde !

Harvey tourna la tête. Une batte frappa sèchement la balle. Harvey ouvrit des yeux ronds. Le commentateur devint frénétique : « Hourra ! hurla-t-il. Surprise de dernière minute ! Les gars, on va avoir des prolongations ! »

— Incroyable, murmura Harvey en dévalant l'escalier pour reprendre sa place sur le canapé.

Sabrina entra dans la chambre des parents pour chercher des vêtements dans la penderie de Jerry Gerson. Tant bien que mal, elle habilla Rudy d'une chemise, d'un pantalon et d'une veste.

— Ne crache pas sur les habits de ton père, d'accord ?

Sabrina se leva et s'étira : « Du calme ! se dit-elle, surtout ne pas perdre son sang-froid ». Assis sur la moquette, Rudy lui tendait les bras pour qu'elle le porte.

— Tu veux rire ? bredouilla-t-elle.

À cet instant, le téléphone sonna. Elle donna une petite tape sur la tête de Rudy :

— Sage ! Je vais répondre.

C'était Jerry Gerson qui s'inquiétait pour son fils. L'inquiétude de sa femme l'avait gagné.

— Il va bien ? demanda-t-il d'une voix anxieuse.

— Impeccable ! mentit Sabrina. Il vient de finir sa banane. Comment se passe votre dîner ?

— On a dû attendre d'avoir une table, commença Jerry.

— Oh, vraiment ?

— Mais ça y est, on est installés et les serveurs s'activent pour se faire pardonner.

— Oh, dites-leur que ce n'est pas la peine ! Vous êtes là pour vous détendre. Prenez tout votre temps !

— C'est gentil à vous, Sabrina, dit Jerry, agréablement surpris. À plus tard !

Sabrina passa la tête par-dessus la rampe : Harvey avait toujours les yeux rivés sur l'écran.

— Je vais promener le bébé, cria-t-elle. Regarde tranquillement la fin du match.

— D'accord, bafouilla-t-il la bouche

pleine. Mais c'est presque fini, à moins d'une attaque soudaine.

Du bout du doigt, Sabrina zappa deux fois vers la télévision. Harvey se pencha en avant, bouche bée, tandis que le commentateur rugissait : « Incroyable ! Patton vient de voler une balle ! Il court, il court... On n'a jamais vu une chose pareille... »

— Vas-y, Patton, vas-y, Patton ! hurlait Harvey.

Sabrina dévala l'escalier en traînant Rudy par le bras. En refermant la porte de la maison, elle entendit le commentateur sportif s'exclamer : « Il y a de la magie dans l'air, ce soir ! »

— Chers parents, soyez les bienvenus ! Je suis M. Pool, professeur de biologie. Il inscrivit son nom à la craie sur le tableau et sourit à son auditoire. Ce soir, nous sommes réunis pour parler de vos enfants chéris. Vous voyez en eux des individus brillants promis à un avenir de rêve. Moi, je ne vois que visages inexpressifs et regards insolents. Mais aussi, pourquoi un homme comme moi gâche-t-il les meilleures années de sa vie à enseigner la biologie ? Sans doute parce que j'ai raté le test d'admission aux études de médecine...

Zelda se pencha pour chuchoter à l'oreille de sa sœur :

— Ce monsieur Pool est charmant !

— Tu ne vas quand même pas encore tomber amoureuse ? répliqua Hilda.

— Je me demande s'il est célibataire...

— Excusez-moi, les interrompit M. Pool. Y a-t-il quelque chose dont vous souhaiteriez nous faire part ?

— Je dois aller à l'infirmerie, prétendit Hilda.

M. Pool s'approcha pour déchiffrer le nom inscrit sur son badge :

— Un problème, madame Spellman ?

— Euh, oui, j'ai mal au ventre...

Zelda la pinça pour la faire taire.

— Elle va très bien, et ce n'est pas « Madame » mais Mademoiselle Spellman, précisa-t-elle en gratifiant le professeur d'un sourire charmeur.

— Qui êtes-vous ? demanda M. Pool, surpris mais séduit.

— Je suis aussi Mlle Spellman. Nous sommes les tantes de Sabrina.

— Ainsi, vous êtes célibataire ? fit M. Pool en levant le sourcil.

— Oui. Et vous ?

— Effroyablement célibataire !

Zelda adressa à sa sœur un regard triomphant.

— Cette fois, je crois que je vais vraiment vomir, marmonna Hilda.

Arrivée chez elle, Sabrina emmena Rudy dans la cuisine.

— Ôte tes doigts de ton nez ! lui ordonna-t-elle.

Il obéit et tendit la main vers elle :

— Nez ! réclama-t-il.

— Sale gosse ! Non ! Laisse-moi tranquille. Assieds-toi et lis.

Elle sortit de son sac l'album « Bonsoir lune ! ». Il le porta à sa bouche pour le mâchouiller.

— C'est ça, bon appétit ! lui lança-t-elle en partant à la recherche de Salem.

Elle trouva le chat sur la table de la salle

à manger. Il jouait avec une pelote de coton rose qu'il dévidait en criant :

— Oui, oui, oui !

— Salem, que fais-tu ?

Le chat se figea, un bout de coton rose entre les dents.

— Rien.

— J'aurais juré que tu jouais avec une pelote.

— Les chats ont besoin de ça, Sabrina.

— J'ai un problème urgent. Viens voir, enchaîna-t-elle en le prenant aussitôt dans ses bras.

— Ma pelote !

Quand Sabrina posa le chat sur le comptoir, Rudy désossait gentiment la couverture de son livre.

— Seigneur ! Tu as ramassé ce type à la station d'autobus ? s'écria Salem.

— Non, je te présente le bébé que je devais garder. Il a quatorze mois en réalité. Il lui est arrivé quelque chose.

— Une bévue d'apprentie sorcière ?

— Oui, sans doute, avoua Sabrina, piteuse. Aide-moi, je t'en supplie. Il faut absolument qu'il redevienne petit avant que ses parents me fassent un procès !

— Je ne suis qu'un chat ! protesta Salem. Adresse-toi à tes tantes.

— Elles sont au lycée. Je ne peux pas l'emmener là-bas ! Tu veux bien le garder ?

— D'accord, accepta Salem à contre-cœur.

— Merci, je te revaudrai ça.

Dès que Rudy aperçut le chat, il essaya de l'attraper :

— Dada ! À dada !

Empoignant l'animal à pleines mains, il chercha à l'enfourcher. Salem se contorsionna pour lui échapper et fila en criant :

— Emmène ce monstre hors d'ici ! Tout de suite !

Sabrina sentit l'angoisse lui nouer le ventre. Elle n'avait plus le choix. Direction le lycée avec Rudy !

10

Impossible de rétrécir le bébé !

— Quel merveilleux exposé, monsieur Pool ! s'extasia Zelda. Vraiment passionnant.

— Ah oui ? fit-il en rougissant. D'habitude, personne n'y comprend rien.

— Les imbéciles ! gronda Zelda.

M. Pool se rapprocha d'elle :

— Mon petit doigt me dit que vous vous y connaissez en sciences.

— Eh bien, en fait, je suis agrégée de physique-chimie, murmura-t-elle modestement.

— Vraiment ?

— J'ai failli avoir le prix Nobel l'an

dernier. Vous savez quoi ? On devrait échanger nos adresses e-mail. Quelle est la vôtre ?

— Moi ? Euh, je suis sur le site Quick-net. Mon nom de code est Biocaboche.

— Le fameux Biocaboche ? Ça alors ! Moi, c'est Chaton Atomique !

— On a dû dialoguer lors du forum sur le chlorure de polyvinyle.

— Je m'en souviens. Vous étiez si brillant !

Hilda avait de plus en plus mal au cœur. Les parents rencontraient les autres professeurs. Le spectacle de sa sœur en train de minauder la mettait hors d'elle. À bout de patience, elle se dirigea vers le tableau où elle inscrivit « zut ».

Le crissement de la craie fit sursauter M. Pool. Il leva les yeux vers le tableau. À cet instant, Sabrina passait la tête dans la classe, essayant d'attirer l'attention de ses tantes.

— Salut, Sabrina ! s'écria Hilda.

— Sabrina, que faites-vous à cette réunion de parents d'élèves ? gronda le professeur.

— Rien. Je voulais juste...

M. Pool aperçut Rudy dans le couloir :

— Ah, je vois que vous avez amené votre père.

Il ouvrit la porte à deux battants. Rudy fut aussitôt fasciné par un mobile qui représentait le système solaire.

— Lune, dit-il en essayant d'atteindre Jupiter.

Sabrina l'attrapa par la manche :

— Non, on ne joue pas avec ça..., Papa.

— Ravi de vous rencontrer, monsieur Spellman.

M. Pool voulut serrer la main de Rudy qui l'ignora. Sabrina prit son professeur par le bras et lui chuchota à l'oreille :

— Il préfère qu'on l'appelle M. Mirliton.

— M. Mirliton ?

— Oui. C'est notre vrai nom, en fait. Vous comprenez pourquoi on en a changé !

M. Pool ne semblait pas convaincu :

— Vous êtes sûre que votre père se sent bien, Sabrina ?

À cet instant, sa montre digitale émit un bip. Il regarda l'heure et s'exclama :

— Ciel ! Je dois me rendre au stand pour

la vente de gâteaux. Question de prestige pour le lycée, confia-t-il à Zelda.

— Vous les avez préparés vous-même ? demanda celle-ci.

— Si vous passez, je vous ferai goûter mes fameux cookies maison, proposa-t-il à mi-voix.

— Ils sont sûrement délicieux, minauda Zelda.

M. Pool touchait à peine terre en quittant la pièce. Et ce n'était pas de la sorcellerie mais pur enchantement de simple mortel. Après son départ, Hilda retrouva ses esprits.

— Tu n'étais pas censée faire du baby-sitting ? demanda-t-elle à Sabrina.

— Si. C'est lui, répondit-elle en indiquant Rudy.

— Le bébé ? Je comprends qu'ils aient du mal à trouver des baby-sitters.

— Clown rigolo ! babilla Rudy en la regardant.

— Attention à ce que tu dis ! gronda Hilda.

Sabrina se mit à marcher de long en large en criant :

— Aidez-moi, je suis désespérée ! Ses

parents vont rentrer d'une minute à l'autre. Ils risquent de s'apercevoir qu'ils ont raté tous les moments importants de la vie de leur fils !

— Il semble que tu lui aies jeté un sort. Alors inverse la formule ! suggéra Zelda.

— Mais quelle formule ? gémit Sabrina. Je n'en ai prononcé aucune ! Ou si je l'ai fait, c'était par hasard. Cette maudite magie flanque tout par terre. Le bébé était censé sucer son pouce dans son berceau pendant que je révisais avec Harvey.

— Oh, oh ! fit Zelda.

— Hum, hum ! ajouta Hilda.

— Arrêtez ! explosa Sabrina. C'est sérieux.

— Calme-toi et réfléchis, conseilla Zelda. Tu as sûrement ajouté autre chose.

— Je n'en sais rien ! Rudy pleurait. Alors je l'ai pris dans mes bras. J'ai dit « Les hommes ne pleurent pas ». D'accord, je sais, ce n'est pas malin. Et je lui ai tapoté le dos.

— C'est tout ?

— Je ne m'en souviens pas, gémit Sabrina.

— Grand garçon ! lança Rudy depuis le

coin où il jouait avec un cerveau en plastique.

Sabrina se tourna vers lui :

— C'est ça ! « Sois un grand garçon » !

— Et je parie que tu l'as répété trois fois ! conclut Zelda dont le visage s'éclairait.

— Le mystère est résolu, affirma Hilda. Tu as jeté un sort passionnel.

— Quoi ? demanda Sabrina.

— Quand une sorcière désire passionnément quelque chose, il suffit parfois qu'elle émette son vœu trois fois de suite pour qu'il se réalise, expliqua Hilda. Entre nous, on appelle ça un « Prince ».

— Un Prince ? Pourquoi ?

En guise de réponse, Zelda ferma les yeux et chantonna : « Prince, Prince, Prince. » Puis elle agita la main en direction du tableau. Un peu éberlué, sa guitare à la main, le chanteur américain en personne se tenait sur l'estrade...

— Que fais-je dans cette classe ? demanda Prince.

— Simple démonstration pour notre nièce, le rassura Zelda en souriant. J'espère qu'on ne vous a pas dérangé ?

— Non, mais mon producteur risque de s'inquiéter. Puis-je faire autre chose pour vous ?

— Une autre fois, peut-être, gloussa Hilda.

Prince haussa les épaules et se dirigea vers la porte :

— Si vous avez besoin de moi, vous savez où me joindre !

Zelda et Hilda le regardèrent partir d'un air attendri.

— Revenons à mon problème, s'énerva Sabrina.

Zelda prit sa nièce par les épaules et la poussa vers le bébé géant :

— Tu vas prononcer les mêmes mots que la première fois, mais à l'envers.

Sabrina tapota le dos de Rudy en chantonnant : « Garçon grand un sois ; garçon grand ; garçon grand. »

— Chatouille, fit Rudy en éclatant de rire.

— Ça ne marche pas ! se lamenta-t-elle.

— Ne t'inquiète pas, la calma Zelda. Ça prend parfois un peu de temps.

— C'est plus difficile de perdre du poids que d'en gagner, confirma Hilda.

— Mais ses parents vont rentrer ! geignit Sabrina.

— J'espère pour toi qu'ils ont le sens de l'humour...

Effondrée, Sabrina s'écroula sur un bureau. Elle enfouit sa tête dans ses bras :

— Je pourrais prétendre qu'il a été piqué par une araignée radioactive, grommela-t-elle.

Zelda se pencha vers sa nièce, l'air de rien :

— Dis-moi, est-ce que M. Pool a une petite amie ?

— Ça m'étonnerait. Pourquoi ?

— Zelda lui a fait du charme toute la soirée, révéla Hilda.

— Pas du tout ! Nous échangions des points de vue scientifiques, se défendit Zelda.

— En battant des cils ?

— Moi ? Sûrement pas !

— Silence ! les interrompit Sabrina.

— Hé, Rudy a disparu ! réalisa soudain Hilda, paniquée.

Lorsqu'elles arrivèrent à la cafétéria, Rudy raflait autant de gâteaux que possible sur le stand de M. Pool.

— Tateaux ! babilla-t-il.

— Hé, mais vous n'avez pas le droit ! hurla M. Pool, outré.

— Miam-miam ! fit Rudy, la bouche barbouillée de chocolat.

— Monsieur Mirliton ! gronda le professeur en le menaçant du doigt.

Rudy éclata alors en sanglots.

11

Dors, mon petit ange !

Sabrina ramena Rudy tant bien que mal chez ses parents.

— On n'a jamais vu ça ! Ce match peut durer toute la nuit ! hurlait le commentateur à la télévision.

Elle monta l'escalier sur la pointe des pieds, croisant les doigts pour que Harvey ne réagisse pas :

— C'est toi, Sabrina ? s'inquiéta le jeune homme.

— Oui, dit-elle en poussant Rudy aussi vite que possible vers sa chambre.

— Tu es en train de manquer la partie du siècle !

« Si tu savais... », pensa-t-elle.

Elle prit dans la penderie un pyjama de Jerry Gerson et changea Rudy sans qu'il lui torde le nez. Puis elle l'installa dans le petit lit et borda la couverture.

— Tu vas faire un gros dodo, murmura-t-elle. Et dépêche-toi de redevenir un bébé !

Il lui tendit son livre :

— Lune ! exigea-t-il.

— Je suis trop fatiguée pour lire. Joue avec tes orteils.

Elle descendit retrouver Harvey. Il était temps d'interrompre ce match interminable. Elle zappa deux fois vers l'écran.

« Hors jeu ! C'est la fin ! » annonça le journaliste.

Harvey s'étira :

— Ce que j'aime avec le base-ball, c'est que tout peut arriver !

— Eh oui, on ne sait jamais quand ça s'arrête..., fit Sabrina, platement.

Harvey prit son manque d'enthousiasme pour une critique. Il s'empara du classeur et proposa aussitôt de réviser.

— On ne pourrait pas s'arrêter cinq minutes ? bâilla Sabrina. Le baby-sitting est plus fatigant que je ne pensais !

— Comme tu veux, accepta Harvey. Bavardons un peu.

Sabrina se rapprocha de lui sur le canapé.

— Bon, alors...

— Eh bien...

La porte d'entrée s'ouvrit à la volée.

— Nous voilà ! annoncèrent les Gerson.

Paniqué, Harvey s'écarta de Sabrina :

— La mitose est..., bafouilla-t-il.

Sabrina alla à la rencontre de ses employeurs :

— Je ne vous attendais pas si tôt.

— On a sauté le dessert, expliqua Carole Gerson. Le bébé me manquait. Tout s'est bien passé ?

— Sans problème, mentit Sabrina.

Jerry Gerson sortit son portefeuille de sa poche :

— Combien vous dois-je ? Quatre dollars de l'heure ?

Sabrina avait enfilé son manteau. Elle tirait Harvey vers la porte. Carole Gerson était déjà dans l'escalier

— Euh, en fait, c'est cinq dollars, mais ça ira comme ça. On doit filer. Merci et bonsoir !

— Jerry, viens voir ! cria sa femme.

Il la rejoignit à la porte de la chambre. Dans la pénombre, ils distinguaient seulement une silhouette endormie blottie sous sa couverture.

— Regarde notre petit ange ! chuchota Carole.

— Comme il a grandi ! murmura Jerry, attendri.

Carole leva sur lui des yeux rêveurs :

— Tu ne crois pas que ce serait bien d'en avoir un autre ?

— Euh, viens. Il ne faut pas risquer de le réveiller, prétendit-il pour ne pas répondre à sa femme.

Quand Sabrina revint chez elle, ses tantes étaient installées à la cuisine avec le chanteur Prince. Enchantées de leur soirée, elles avaient décidé de la prolonger en achevant un puzzle géant. Sabrina gagna discrètement sa chambre. Salem dormait près de la fenêtre. Elle jeta son classeur sur son lit pour réviser. Mais son esprit revenait sans cesse à Harvey. Ils avaient été si proches tout à l'heure sur le canapé ! L'examen de biologie lui parut bien fade en comparaison !

Elle faillit faire apparaître magiquement Harvey. Mais elle y renonça. « Pour certaines choses, mieux vaut ne pas trop demander à la magie », songea-t-elle avec prudence.

12

Chagrin d'amour

Le lendemain, Sabrina réfléchit pendant le contrôle de biologie. Observant les autres élèves qui tiraient la langue sur leur copie, elle se sentit étrangère à leur univers.

Sa vie à elle tournait autour de Jenny et de Harvey. Bien sûr, il y avait aussi la foule des lycéens qui traînait comme elle à la Pizz'ah, la pizzeria du coin. Sans oublier Libby qui ne perdait pas une occasion de l'humilier. Mieux valait penser à Harvey.

« Il est si adorable, pensa-t-elle. Presque trop gentil. Il fait toujours ce que les autres attendent de lui. »

Elle aurait aimé qu'il s'intéresse davantage à elle. La veille au soir, elle avait bien cru qu'ils allaient enfin s'embrasser... Mais rien n'était perdu ! La première soirée dansante de l'année avait lieu cette semaine. L'occasion rêvée pour Harvey de l'inviter ! Mais comment le lui suggérer ?

Rentrée chez elle, elle garda ses pensées fixées sur le téléphone comme pour aider Harvey à l'appeler. Quand la sonnerie retentit enfin, elle fit un tel bond qu'elle faillit écraser Salem.

Zelda prenait le thé à la cuisine où se trouvait l'appareil. Depuis l'escalier, Sabrina lui cria :

— C'est pour moi.

Tout essoufflée, elle décrocha :

— Allô ? Oh, salut, Harvey ! Bien sûr, vas-y..., l'encouragea-t-elle avec un sourire radieux.

Elle s'aperçut alors que sa tante l'observait d'un air ému.

— Une seconde..., dit-elle à Harvey. Puis, plaquant sa main sur le combiné : Tante Zelda, ça ne te dérange pas ?

— Pas du tout ! Vas-y, ma chérie.

Les adultes sont parfois d'une maladresse !

— Je veux dire... Ça ne te dérangerait pas de me laisser seule ?

— Non, bien sûr. Excuse-moi, fit-elle en quittant paisiblement la pièce avec sa tasse de thé.

— Tu disais, Harvey ? reprit Sabrina, espérant que le grand moment était arrivé.

À cet instant, Hilda jaillit dans la cuisine en criant :

— Je meurs de faim.

— Ne quitte pas, Harvey !

Sabrina zappa vers la table : un sandwich apparut sur une assiette.

— C'est à emporter ! suggéra-t-elle à sa tante. Je parle avec Harvey. Tu comprends ?

— De quoi parlez-vous ? demanda Hilda sans bouger.

— Comment veux-tu que je le sache, je ne suis pas tranquille une seconde ! s'énerva Sabrina.

— Bon, je m'en vais... C'est du poulet ? s'enquit Hilda en entrouvrant son sandwich.

Sabrina leva les yeux au ciel d'un air excédé et sa tante quitta la cuisine.

— Harvey, tu voulais me demander quelque chose ?

Un gloussement parvint du panier à provisions.

— Pardon, Harvey ! Salem, tu m'espionnes ? Allez ouste, dehors !

La tête du chat surgit du cabas : « Harvey et Sabrina, Harvey et Sabrina » chantonna-t-il en filant vers le salon.

Enfin seule, la jeune fille reprit son souffle en répétant dans sa tête : « Oh, Harvey, je t'en supplie, invite-moi à la soirée ! »

— Harvey ? Tu disais ? lança-t-elle dans le combiné.

Aussitôt, son visage s'assombrit.

— Non, M. Pool n'a jamais mentionné que la photosynthèse faisait partie du contrôle... Entendu, à demain.

Elle raccrocha et se tapit contre le mur. À hauteur de ses yeux se trouvait le portrait d'une femme vêtue à la mode du XIXe siècle. Le portrait lui sourit :

— Ne t'inquiète pas, Sabrina ! Harvey finira bien par sortir avec toi.

— Merci, c'est gentil, répondit automatiquement Sabrina. Puis elle ouvrit des yeux ronds et ajouta : Tante Louisa ! Toi aussi, tu m'espionnes ? Il n'y a vraiment pas moyen d'être seule dans cette maison !

Elle se précipita dans sa chambre. La dame du portrait chanta comme une gamine : « Har-vey et Sabrina, Har-vey et Sabrina... »

« D'accord, les sorciers sont bizarres. Mais j'ignorais qu'ils étaient pires que les gamins », soupira Sabrina.

À la cafétéria, quelques jours plus tard, Sabrina observait Libby qui décorait la salle pour la soirée. Avec ses assistantes du comité d'organisation, elle déploya une banderole qui annonçait le thème : « Fête des vendanges. »

Le visage épanoui, Jenny vint retrouver son amie, ses cheveux roux plus vaporeux que jamais.

— Finalement, je vais à la soirée, annonça-t-elle.

— Avec qui ? demanda Sabrina, surprise.

— Avec moi-même ! déclara Jenny. Tu vois, je faisais la queue en attendant ma pizza. Et je me suis dit que puisque je ne fais jamais rien comme personne, autant assumer. Je n'ai pas besoin qu'un garçon m'accompagne pour aller danser !

Elle semblait enchantée de sa décision.

— Bravo ! la félicita Sabrina.

— Tu veux venir avec moi ? On peut y aller seules, à deux...

— Merci, mais ce serait sympa que j'y aille avec Harvey.

— Tu lui en as parlé ?

— Non, je ne veux pas gâcher notre amitié.

— Et s'il te le propose ?

— Dans ce cas, je saute de joie jusqu'aux étoiles !

— Je te reçois cinq sur cinq ! approuva Jenny.

À cet instant, Harvey apparut avec son plateau de déjeuner. Jenny l'appela à grands cris.

— Merci de m'avoir fait un petit signe discret, plaisanta-t-il. Sans toi, je ne vous aurais jamais trouvées dans cette immense cafétéria !

— Alors, tu as des projets pour la soirée ? lança Jenny tout à trac. Désolée ! Oups ! Je dois y aller ! ajouta-t-elle aussitôt.

— Qu'est-ce qui lui prend ? demanda Harvey, ahuri.

— Oui, euh... à propos de samedi ? hasarda Sabrina.

— Oh, je reste chez moi. Danser n'est pas trop mon truc. Et toi ?

— Je n'ai rien décidé. Enfin, pas encore, tu vois...

— Salut, Harvey ! Tu me donnes un coup de main ?

Comme par hasard, Libby venait une fois encore s'interposer entre eux.

— Bien sûr, dit Harvey, inconscient de la tension entre les deux rivales.

Libby lui demanda de pincer l'ouverture d'un ballon qu'elle venait de gonfler, le temps qu'elle fasse un nœud.

— On était en train de discuter. N'importe qui d'autre aurait pu t'aider ! s'insurgea Sabrina.

— Oui, mais Harvey est le meilleur ! répliqua Libby en la fusillant du regard. Oh, à propos, j'y pense, Harvey... Si on allait ensemble à la soirée, toi et moi ?

Pris au dépourvu, Harvey répondit sans réfléchir :

— Eh bien, pourquoi pas ?

— Super ! Et merci de ton aide.

Triomphante, Libby retourna à sa banderole.

— Je croyais que tu n'aimais pas danser..., cria presque Sabrina.

— C'est exact, bredouilla Harvey, gêné. Mais j'ai paniqué... Je ne sais pas dire non, c'est mon gros problème. Je devrais m'entraîner...

Levant la main, il répéta « Non, Non, NON ! » sur un ton ferme. Il n'était pas crédible du tout !

« C'est un cas désespéré », pensa Sabrina, effondrée.

Enfermée dans sa chambre, Sabrina passa de longues heures à feuilleter son manuel de magie. Dans l'après-midi, elle aperçut Zelda dans le couloir.

— Tante Zelda, au secours ! gémit-elle.

Zelda entra dans la chambre.

— Quel est ton problème ?

— Heu, c'est un peu confidentiel...

— J'ai entendu le mot « confidentiel » ? s'enquit Hilda en glissant sa tête à la porte.

— Oui, c'est top secret, confirma Sabrina.

— Alors, ça m'intéresse ! affirma Hilda en s'installant sur le lit à côté de sa nièce.

— D'accord. Je vais vous expliquer. Mais cette affaire étant privée, je ne dévoilerai pas les noms. Donc, j'espérais aller à la fête avec ce garçon...

— Harvey, dit Zelda d'un ton entendu.

— Oui, admit Sabrina. Mais il y va avec une autre fille...

— Libby, précisa Hilda.

Sabrina sursauta : ses tantes savaient tout.

— Mais que dois-je faire ?

— Ma chérie, intervint gentiment Zelda, si Harvey aime Libby, c'est son droit...

— Mais il ne l'aime pas ! Enfin, je ne crois pas ! C'est elle qui l'a invité. Et il a dit oui uniquement parce qu'il ne sait pas dire non !

— Dans ce cas, pourquoi ne pas l'avoir invité toi-même ?

— Il aurait deviné que je suis amoureuse de lui ! avoua Sabrina.

— Et alors ? Tu l'es, non ?

Décidément, ses tantes ne comprenaient rien.

— Oui, mais il ne doit pas le savoir.

— Montre-lui au moins que tu t'intéresses à lui ! conseilla Zelda.

— Je ne fais que ça ! Je lui souris tout le temps. Et quand on joue au baby-foot, je le laisse gagner.

— Insuffisant ! déclara Zelda d'un ton sentencieux. À seize ans, les garçons sont un peu obtus. Si tu l'aimes, dis-le lui.

— Et enfonce-le lui dans le crâne ! confirma Hilda en plaçant un objet lourd entre les mains de sa nièce.

— Un marteau ? bafouilla-t-elle.

Stupéfaite, Sabrina laissa tomber l'outil, qui faillit lui écraser les orteils.

— J'aimerais mieux utiliser un philtre d'amour. Mais je n'ai rien trouvé dans mon manuel.

— Désolée, ma chérie, mais il n'en existe pas. L'amour est trop précieux. On ne peut pas forcer les sentiments, expliqua Zelda.

— Punis Harvey en l'enfermant pour toujours dans un médaillon, proposa Hilda.

Elle fit miroiter aux yeux de sa nièce un anneau magique où se trouvait emprisonné un petit bonhomme grimaçant vêtu à l'ancienne mode.

— Je ne veux pas porter Harvey au bout d'une chaîne autour du cou ! s'écria Sabrina, horrifiée.

Comprenant que ses tantes ne lui seraient d'aucun secours, elle leur tourna le dos, s'assit devant la fenêtre et enfouit son visage dans ses mains.

— Laissons-la tranquille, se résigna Zelda. Si tu as besoin de nous, Sabrina, on est en bas.

— On est là. On pense à toi. Et il y a du gâteau qui t'attend à la cuisine, ajouta Hilda. Elle referma doucement la porte.

— Tu as vu ? Un vrai chagrin d'amour. Quelle poisse ! soupira-t-elle.

— Harvey ou pas Harvey, Sabrina ira au bal... enfin, à sa soirée ! décréta Zelda.

— On n'a qu'à dénicher le garçon idéal ! Qu'elle oublie Harvey.

— Hé, Hilda ! Bien sûr, c'est la solution ! Tu crois qu'on a les ingrédients pour fabriquer ça ?

— Et comment ! Direction la cuisine !

13

Recette magique

Les sœurs Spellman dégringolèrent les escaliers comme des gamines. Arrivée en bas la première, Hilda leva le poing en signe de victoire :

— J'ai gagné !

— Quelle enfant tu fais ! répondit Zelda, pourtant tout aussi excitée.

Salem trônait sur la table, immobile comme une statue. Il cligna les yeux en grondant :

— Vous me dérangez en pleine méditation.

Hilda le prit dans ses bras :

— Tu méditeras plus tard. On prépare un cavalier de rêve à Sabrina.

Elle installa le chat sur le comptoir et nettoya la table tandis que Zelda ouvrait un placard secret caché derrière le portrait de Louisa. Elle en sortit diverses bouteilles colorées contenant des ingrédients magiques.

Après avoir saupoudré de farine une vaste planche à pâtisserie, Hilda versa dans un saladier une bonne quantité de préparation pour pâte à pain. Elle ajouta de l'eau et touilla avec vigueur. Puis, drapée dans un tablier de cuisine, elle étala la pâte au rouleau. Armées de couteaux, Hilda et Zelda y découpèrent diverses formes : un nez, des jambes... qu'elles assemblèrent de manière à figurer un grand jeune homme.

— Voilà, dit Zelda en se reculant pour admirer leur œuvre. Oh, zut, il a un bras plus court que l'autre ! Hilda, passe-moi un peu de pâte à pain...

— Euh, c'est à dire que..., balbutia Hilda, la bouche enfarinée. Il n'y en a plus !

Sans s'énerver, Zelda se tourna vers l'alignement de bouteilles.

— Tant pis ! Préparons le glaçage personnalisé.

Hilda s'empara d'une bouteille. L'étiquette montrait des pieds effectuant diverses figures.

— Faisons de lui un bon danseur ! décida-t-elle.

Elle décapsula le flacon et versa une rasade dans un bol. Le liquide sautilla tout autour du récipient sur un rythme endiablé.

— Et un casse-cou, ajouta Zelda.

Elle déboucha un autre flacon. Le liquide rouge s'en échappa de lui-même, décrivant une boucle parfaite avant d'atterrir au centre du bol.

Hilda versa alors une grosse cuillerée d'une crème bleutée qu'elle enrichit d'une pincée d'étincelles.

— Il sera un grand musicien, déclara-t-elle.

— Si tu t'imagines que les adolescents sont fans de musique classique, tu as quelques siècles de retard ! ironisa Zelda.

Agacée par la remarque de sa sœur, elle ajouta une énorme rasade du dernier ingrédient, un liquide effervescent rose fluo. Le flacon était à moitié vide.

— Oups ! J'y suis allée un peu fort avec l'enthousiasme.

D'un revers de la main, Zelda balaya ses scrupules :

— S'il doit se rendre à une soirée dansante au lycée, il lui en faudra une bonne dose !

Elle mélangea soigneusement la mixture. Puis toutes deux s'armèrent de pinceaux pour en badigeonner le bonhomme en pâte à pain. Hilda le recouvrit ensuite d'un torchon propre avant de remonter le minuteur. En quelques instants, le linge gonfla tandis qu'une bonne odeur de gâteau emplissait la maison.

Attirée par ces effluves, Sabrina descendit de sa chambre.

— Qu'est-ce que vous faites ? Ça sent délicieusement bon.

— Tu vas adorer ! annonça Hilda en s'essuyant les mains. On te prépare un cavalier de rêve à base de pâte à pain.

Elle tendit la boîte. Sabrina avait du mal à croire que des substances magiques puissent se trouver, prêtes à l'emploi, dans des emballages d'épicerie.

— Il sera grand, brun et musicien ! annonça triomphalement Hilda.

— Et il dure quatre heures ; c'est parfait pour ta soirée, précisa Zelda.

— Parfait, peut-être, râla Sabrina. Mais je voulais y aller avec Harvey, pas avec un Superman en pain d'épice.

Elle se percha sur un tabouret devant le comptoir.

— Attends de le voir ! conseilla Zelda.

— Il va te plaire ! Il est bourré d'enthousiasme ! promit Hilda.

— Non, c'est tout vu. Je ne sors pas ce soir !

À cet instant, le minuteur sonna. Les deux tantes se précipitèrent pour soulever le torchon en criant :

— C'est prêt !

La silhouette pivota et s'assit au bord de la table. Sabrina écarquilla les yeux.

Le jeune homme devait mesurer au moins un mètre quatre-vingt. D'épaisses boucles brunes encadraient son visage mince aux traits énergiques, éclairé par un regard très attendrissant. Il portait une veste en cuir noir sur une chemise et un jean, le tout patiné et délavé à souhait. Il regarda autour de lui comme s'il voyait le monde pour la première fois, ce qui était d'ailleurs le cas.

— Hé, salut ! Quelle chance d'être ici ! lança-t-il d'une voix joyeuse.

— Waouh, s'exclama Sabrina, il est craquant !

Zelda joignit les mains, arborant soudain un air pincé :

— Oui, on a fait du bon travail. Mais puisque tu ne veux plus sortir...

Mais Sabrina gagnait déjà la porte-fenêtre :

— En fait, j'ai changé d'avis. Je sors. Juste le temps de me changer...

Elle pointa l'index vers elle. Son jean et son sweat-shirt se transformèrent en une petite robe noire toute simple mais ravissante.

— Je suis prête. Allons-y, dit-elle en prenant la main de son cavalier.

Il la suivit en poussant des exclamations de joie. Hilda, attendrie, les couvait des yeux.

— Ah, si on pouvait en faire autant ! soupira-t-elle.

— Et pourquoi pas ? s'écria Zelda.

14

Désolé, je ne danse pas !

— Sensationnelle, ta moto ! Quelle arrivée ! s'écria Sabrina. Tu veux récupérer ta veste ?

Ils traversaient le lycée pour se rendre à la fête.

— Garde-la ; elle te va très bien.

— Elle est quand même un peu grande. Je la laisserai au vestiaire.

Le jeune homme poussa la porte de la cafétéria.

— Quel endroit fantastique ! s'écria-t-il. Comment l'appelez-vous ?

Sabrina jeta un coup d'œil. Malgré les ballons multicolores, la pièce lui parut aussi banale que d'habitude.

— Tu parles de la cafétéria ?

— Cafétéria. Je vais essayer de retenir le nom. Waouh, la superbe banderole !

— Parle un peu moins fort, s'il te plaît, lui demanda Sabrina, gênée.

Jenny traversa la salle en dansant pour venir à leur rencontre. Ses boucles rousses rebondissaient en cadence sur sa robe de velours grenat.

— Salut ! lui lança joyeusement Sabrina.

— Salut ! Qui es-tu ? demanda son compagnon.

— Jenny. Et toi ?

Le jeune homme ouvrit la bouche et se tourna vers Sabrina.

— C'est..., commença-t-elle en cherchant frénétiquement dans sa tête. Il s'appelle... Chuck... Ronald... Dylan ?

— Super-nom ! fit Jenny, impressionnée.

— Dis-moi, Chuck, tu n'irais pas nous chercher du punch ? enchaîna Sabrina.

Il la regarda avec des yeux émerveillés, comme si elle venait d'accomplir un miracle.

— Elle a toujours des idées tellement géniales ! confia-t-il à Jenny avant de se diriger vers le bar.

— Alors, qu'est-ce que tu en penses ? chuchota Sabrina à son amie.

— Il est trop mignon ! Où l'as tu rencontré ?

— Ce sont mes tantes qui nous ont présentés. On est venus avec sa moto, une Harley Davidson, tu imagines ?

— Pas mal ! déclara Jenny.

— Oui, Chuck est assez cool pour un musicien-athlète-cascadeur, glissa Sabrina, faussement modeste.

Chuck revenait déjà, un verre dans une main, l'autre cachée dans son dos.

— Figure-toi qu'il y a deux parfums, dit-il d'une voix surexcitée... Orange... Il montra à Sabrina le verre qu'il tenait devant lui, puis fit apparaître l'autre, comme s'il exécutait un tour de prestidigitation.

— Et rouge !

Sabrina choisit la boisson rouge. Chuck goûta le liquide orange, sourit de plaisir et engloutit le reste en une gorgée.

— Doucement, recommanda Sabrina. La soirée ne fait que commencer.

La musique reprit et des couples s'élancèrent sur la piste. Après un instant d'hésitation, Jenny rejoignit la foule des danseurs.

— Attends une seconde, on peut danser ? s'extasia Chuck.

— Bien sûr ! Tu aimes ça ?

— J'adore ! Et je suis dingue de cette chanson !

Chuck arracha son verre à Sabrina et le tendit, avec le sien, au premier venu :

— Tu peux me tenir ça ? Merci beaucoup !

Puis il entraîna Sabrina sur la piste. Il n'avait pas menti. C'était un merveilleux danseur. Avec lui, les pas les plus acrobatiques devenaient un jeu d'enfant.

Tandis qu'ils évoluaient sur un rythme endiablé, une Libby Chessler de fort mauvaise humeur pénétra dans la cafétéria. Elle traînait derrière elle un Harvey Kinkle misérable. Ils se dirigèrent vers le bar.

— Sarah, qu'est-ce qu'on a raté ? demanda Libby d'une voix cinglante.

— Pas grand-chose. Où étais-tu passée ?

— On a eu des ennuis de voiture, avoua Harvey, rouge tomate.

Sarah s'efforça de le réconforter. Libby

observait les danseurs. Elle aperçut soudain Sabrina avec son cavalier.

— Oh, mon Dieu, qui est ce type ? s'écria-t-elle.

— Il s'appelle Chuck Ronald Dylan, répondit Jenny qui passait par là. Et c'est sa moto qui est garée dehors.

— Je parie que Sabrina va être la reine de la fête ! affirma Sarah.

— C'est ce qu'on va voir ! grommela Libby, les dents serrées. Viens, Harvey, on danse !

Elle l'avait pris par la main mais il se dégagea.

— Excuse-moi, Libby, mais je ne sais pas vraiment danser, balbutia-t-il.

Libby eut l'impression qu'il venait de la gifler.

— Comment ? On est venus pour ça, non ?

— Euh, tu vois, comment dire... Pour moi, danser est un prétexte.

Il décrivait avec ses doigts des cercles vagues dans l'espace.

— Un prétexte pour quoi ? rétorqua Libby, glaciale.

— Eh bien, s'amuser, discuter, je ne sais pas... Une soirée pour rencontrer des gens, tu vois ?

Libby l'entraîna vers la rangée de chaises alignées contre le mur. Harvey se laissa tomber sur l'une d'elles.

— Je n'arrive pas à croire que tu aies pu me faire un coup pareil, fulmina Libby.

Elle lui jeta un regard assassin puis claqua dans ses doigts :

— Sarah ! On va aux toilettes !

Inconscient de ce drame, Chuck, lui, dansait toujours.

— Je m'amuse comme un fou ! lança-t-il à Sabrina en lui souriant jusqu'aux oreilles.

— Moi aussi, fit-elle, radieuse.

Mais, à cet instant, elle aperçut Harvey. Avachi sur son siège, il avait l'air pitoyable. Il agita à peine la main pour la saluer. Ce fut comme si la musique et les lumières s'éteignaient. Sabrina se retrouva clouée sur place. Il semblait si mal à l'aise.

— Pourquoi t'arrêtes-tu de danser ? demanda Chuck qui se déhanchait toujours.

— Je vais dire bonjour à quelqu'un, répondit Sabrina avec un sourire forcé.

— Qui ça ?

— Oh, juste un copain, précisa-t-elle tristement.

15

Le bonheur des uns...

Deux planches à pâtisserie, chacune recouverte d'un torchon, occupaient la table de la cuisine. Assises au comptoir, les sœurs Spellman tuaient le temps. Zelda en lisant une revue scientifique ; Hilda, un livre de diététique. Levant soudain les yeux de sa page, Zelda demanda :

— Quelle personnalité as-tu choisie pour ton petit ami d'un soir ?

— J'ai mis une grande rasade d'optimisme pour qu'il déborde de gaieté.

— Pas mal ! commenta Zelda.

À cet instant, l'un des minuteurs sonna.

— C'est le mien ! s'écria Hilda.

L'individu souleva lui-même le torchon

et s'assit au bord de la table. Il était grand et sportif, blond avec d'énormes biceps.

— Salut, Simon ! Je m'appelle Hilda.

Sans lui accorder un regard, Simon se renfrogna :

— Renvoyez-moi d'où je viens ! Je cherche du travail. J'aimerais qu'on me fiche la paix !

— Il ne me paraît pas très optimiste, nota Zelda.

— J'ai dû me tromper dans ma recette.

— As-tu vérifié la date limite sur le flacon d'optimisme ?

Hilda déchiffra les mentions portées sur l'étiquette :

— Oh, non... Elle indique « gaieté évaporée » !

— Ce qui signifie...

— Que mon petit ami est un cas désespéré !

— Mesdames, grogna Simon, vous voulez bien arrêter de caqueter ? Je suis en train de rater une compétition d'athlétisme. Où est la télévision ? Finalement, ne vous dérangez pas, je trouverai bien.

Il sortit de la cuisine, laissant une Hilda aussi déçue que furieuse.

— Décidément, je n'ai pas de chance avec les hommes, se lamenta-t-elle. Même les spéciaux, faits maison, en pâte à pain !

Zelda lui tendit le rouleau à pâtisserie :

— Fais-en un autre !

— Non, j'ai une meilleure idée. Je vais le modifier.

— Allez, Hilda, tu sais bien que ça ne marche jamais !

— Bon, pour l'amadouer, je vais lui parler de sport puisque c'est son truc.

— Attends une minute, la retint Zelda. Tu ne veux pas savoir à quoi va ressembler mon petit ami à moi ?

— Voyons... Je parie que ce sera un brave pompier, joufflu et jovial.

Zelda fit la grimace :

— Comment as-tu deviné ?

— J'ai vu le calendrier des pompiers sur ton bureau, avoua Hilda en quittant la cuisine. Sabrina a raison, on n'a aucune intimité dans cette maison.

Le second minuteur sonna. Zelda se retourna juste à temps pour voir le torchon se soulever. Un jeune pompier aux bonnes joues rouges lui souriait :

— Salut, chaton ! Tu aurais un verre de lait ?

— Mia-oui, Darryl, ronronna Zelda.

— Quoi ? fit Salem en sortant de son panier.

Zelda et Darryl l'ignorèrent.

— Désolé, je croyais qu'on m'avait parlé, s'excusa-t-il. Et il replongea dans ses rêves.

Sur la piste de danse, Chuck était infatigable. Au bout de six rocks d'affilée, Sabrina flanchait sérieusement. Mais le jeune homme s'exclamait sans cesse :

— Oh la la, c'est la plus belle soirée de ma vie !

Sabrina ralentit le rythme :

— J'ai la tête qui tourne. Ça ne t'ennuie pas si je souffle un peu ?

— Non, répondit gentiment Chuck, mais c'est dommage parce que j'adore cette chanson.

Par-dessus la tête des danseurs, elle repéra les cheveux roux de Jenny.

— S'il te plaît, relaie-moi un moment avec Chuck, lui souffla-t-elle.

— D'accord, mais ne tarde pas trop. Je ne veux pas qu'on pense que je te vole la vedette ! Tu comprends, Chuck est ton cavalier !

Sabrina se dirigea vers le bar. Très absorbé, Harvey tournait avec entrain une paille dans sa coupe de punch.

— Salut Harvey ! Tu es occupé ?

— Euh, non, mais j'ai juste fait tomber des chips là-dedans. Tu es superbe, ajouta-t-il en levant les yeux sur elle.

— Merci. Toi aussi... Où est Libby ?

— Aux toilettes, je pense. Elle est furieuse parce que je ne danse pas. Mais je suis gêné quand les gens me regardent, avoua-t-il.

— Comme tout le monde !

— Sauf ton petit ami ! remarqua Harvey.

— Oh, Chuck est spécial, prétendit Sabrina.

Le visage d'Harvey se ferma :

— Tu l'aimes vraiment beaucoup, hein ? soupira-t-il tristement.

— Non, ce n'est pas ce que je voulais dire...

Une silhouette virevoltante s'interposa entre eux.

— Ah, vous voilà ! s'exclama Chuck. Tout en exécutant quelques pas de danse, il tendit la main à Harvey. Salut, je suis Chuck Ronald Dylan !

— Salut ! Je suis Harvey. Dwight. Kinkle.

— Enchanté de te connaître ! répondit Chuck avec un grand sourire.

Il entraînait déjà Sabrina sur la piste. Harvey se replongea dans sa pêche aux chips jusqu'au retour de Libby et Sarah.

— J'avais peur que tu soies tombée dans la cuvette, dit-il.

— Charmant, grommela Libby, écœurée.

Blottie contre Simon sur le canapé, Hilda leva sur lui ses grands yeux bleus.

— À quoi penses-tu ? murmura-t-elle.

Le regard rivé sur l'écran, il ne lui prêtait pas la moindre attention.

— À l'arbitre. Il est nul ! grogna-t-il.

— Tu sais, on peut bavarder tout en suivant la compétition, insista Hilda. Partager des émotions, ça entretient l'amitié...

— OK. Mais pendant la pub, pas avant ! gronda Simon, furieux.

À la cuisine, Zelda n'était guère plus heureuse avec son pompier. Elle n'avait jamais vu un homme boire autant de lait ! Il en avait déjà englouti deux litres.

— Ahhh, j'adore le lait, dit-il en se passant la langue sur sa lèvre supérieure.

— Bon, que fait-on maintenant ? tenta Zelda.

— On contrôle l'installation contre l'incendie ?

— Tu l'as déjà fait !

— Un exercice d'alerte ?

— Non, merci !

— Une nouvelle simulation de sauvetage avec le chat ?

— Noooooon ! miaula Salem, épouvanté.

Excepté Chuck, personne n'était vraiment content ce soir-là. Au lycée, Libby s'en prenait toujours à Harvey.

— Pourquoi m'avoir caché que tu ne savais pas danser ? répéta-t-elle pour la énième fois.

— Je te l'ai déjà expliqué ; je m'entraîne mais je ne suis pas encore au point.

Il tressaillit sous le regard assassin de Libby.

Le rythme de la musique ralentit ; la lumière fut tamisée.

— Waouh, un slow, fantastique !

Quels que soient la mélodie ou les pas, Chuck était aux anges. Il enlaça Sabrina qui le repoussa gentiment :

— Si on se reposait un moment ?

— Génial ! acquiesça-t-il aussitôt, tout sourire.

Sabrina l'entraîna vers la rangée de chaises. Seule sur la piste au milieu d'un océan de couples, Jenny essayait de tenir le coup. Mais, au bout de quelques mesures, elle y renonça. « C'est trop, même pour une marginale comme moi », décida-t-elle.

Libby siffla à l'adresse d'Harvey avachi sur son siège :

— Si tu n'as pas envie d'être là, fiche le camp !

— Écoute, je ne le dis pas à tout le monde mais sache que..., commença Harvey.

— Le voilà ! l'interrompit Libby en voyant approcher Chuck.

Elle se précipita à sa rencontre, en ignorant Sabrina à ses côtés.

— Hello, je m'appelle Libby.

— Salut ! Chuck ! dit-il en lui broyant la main.

— Je t'ai vu danser de loin. Tu es vraiment doué ! susurra-t-elle en battant des cils.

— Oh, je suis aussi un excellent cascadeur et un grand musicien, précisa Chuck, dont la modestie n'était pas le point fort.

— De quel instrument joues-tu ? demanda Libby, impressionnée.

— Guitare hawaïenne...

— Pouah, fit Harvey en se levant.

Sabrina se hâta de relancer la conversation.

— Et toi, Harvey, tu joues d'un instrument ?

— Oui, du basson, annonça-t-il les yeux brillants.

— Waouh ! Ce doit être très sexy ! lança Sabrina.

— Pour les ringardes, peut-être, riposta Libby d'un ton méprisant.

Le slow était terminé. Un rock endiablé venait de démarrer. Chuck trépignait déjà :

— J'adore cette musique !

— Moi aussi, approuva Libby. Malheureusement, mon petit ami ne danse pas...

— Bien sûr que si, s'interposa Sabrina. En fait, Harvey est un danseur fantastique !

— Heu, techniquement, c'est inexact, précisa Harvey.

— Pas du tout, insista Sabrina. Pourquoi nous cacher tes talents ?

Elle lui souriait, bras croisés. Discrètement, elle pointa le doigt vers lui. Harvey, auréolé d'étincelles, se dressa sur les pointes et exécuta un enchaînement étourdissant d'entrechats, pirouettes, voltes et jetés battus qu'il acheva par un grand écart parfait.

— C'est vrai, admit-il, je connais quelques pas.

Puis, s'avançant vers la piste, il se lança dans un numéro de claquettes époustouflant. La foule des lycéens fit cercle autour de lui.

Sabrina n'en revenait pas de l'efficacité de

son sort ! Harvey était totalement libéré de sa timidité.

— Il danse encore mieux que Chuck, remarqua-t-elle.

— Cent fois mieux ! confirma ce dernier, enthousiaste.

Quand la musique s'arrêta, Harvey réalisa qu'il était seul sur la piste. Tête basse, il rejoignit ses amis.

— Quelqu'un m'a vu ? demanda-t-il, inquiet.

— Tout le monde ! lança Libby, fière de lui.

Harvey baissa la tête.

— Au secours ! murmura-t-il. Sabrina l'entendit mais Chuck l'entraînait déjà pour une autre danse.

— Je rentre, annonça Harvey à Libby en évitant son regard.

— Quoi ? Sans danser avec moi ?

— Désolé... Mais tu voulais que je fiche le camp, non ?

— Je retire ce que j'ai dit. Tu dois m'inviter ! aboya-t-elle, furieuse.

— Libby..., commença-t-il, hésitant. Puis

redressant le buste, il tendit l'index vers elle : C'est non !

Il se précipita vers la sortie. Sabrina cessa net de danser.

— Chuck, il y a quelque chose qui cloche. Je vais voir.

Elle courut après Harvey qu'elle trouva sur un banc dans la cour.

— J'ai bien cru que tu t'en allais.

— Ma voiture est en panne, j'attends le bus.

— Je te tiens compagnie si tu veux bien.

— Merci. Mais tu ne préfères pas rester avec Truc-Machin-Chose ?

— Non. Ce n'est pas vraiment mon genre.

— Quoi ? Cette perfection ambulante ne te plaît pas ?

Sabrina se sentait gênée. Elle prit son courage à deux mains :

— En fait, Harvey, je voulais justement t'en parler. Mais ce n'est pas facile...

Incapable de poursuivre, elle se leva et lui tourna le dos.

— De quoi parles-tu ?

— Eh bien, tu vois...

Il se leva à son tour et s'approcha d'elle :

— Sabrina, qu'est-ce qui se passe ?

— Pas un geste ! dit-elle en pointant le doigt sur lui.

Harvey se figea comme une statue, un pied en l'air, la bouche ouverte. Libérée, Sabrina put enfin lui avouer ce qu'elle avait sur le cœur.

— Je pensais m'amuser en venant à cette soirée avec Chuck. Mais dès que je t'ai aperçu, tout a changé. Tu vois, ça me plaît qu'on soit amis mais parfois, je désire davantage... Je t'aime, Harvey. Je t'aime énormément. Je n'aurais jamais réussi à te le dire en face alors je t'ai transformé en statue...

Elle le regarda un long moment puis elle pointa à nouveau du doigt vers lui. Il se remit à marcher, comme si de rien n'était.

— Tu disais quelque chose ? demanda-t-il.

— Oui, euh, tu sais, Chuck n'est pas aussi parfait que ça. Figure-toi qu'il a un bras plus long que l'autre. Bon, sur ce, j'y retourne.

Harvey s'éclaircit la voix :

— Sabrina ? Je me demandais... heu...

puisqu'on est là dehors tous les deux... tu ne voudrais pas danser ?

Le cœur de Sabrina fit un bond. Harvey avait-il enfin vaincu sa timidité ? Ou son cerveau avait-il plus ou moins capté sa déclaration ?

— Tu n'es pas gêné qu'on te regarde ? plaisanta-t-elle

— On est seuls.

Il lui prit la main et glissa un bras autour de sa taille. Assourdie par les murs de brique, la musique restait cependant encore assez forte pour les accompagner. Ils esquissèrent quelques pas. Sabrina se sentit transportée dans un autre monde. Comme s'ils formaient un de ces couples enchantés évoluant gracieusement dans un palais viennois d'autrefois.

— Tu aimes cette chanson ? lui murmura-t-elle à l'oreille.

Il la serra plus fort ; elle sentit battre son cœur contre le sien. Puis il se crispa :

— Et voilà, j'ai à nouveau peur d'être ridicule, grommela-t-il, malheureux.

Elle s'écarta de lui, et le regarda droit dans les yeux. Il rougit :

— Désolé.

Sabrina lui sourit :

— C'était très bien. Je vais rentrer, maintenant.

— Attends, dit-il. Et si on s'offrait un petit baby-foot à la Pizz'ah ?

Ravie, Sabrina sauta sur l'occasion :

— J'adore le baby-foot ! Mais je dois prévenir Chuck. Je reviens tout de suite.

Rêveur, il la regarda grimper les marches.

— Je t'aime, Sabrina, murmura-t-il. Pourquoi est-ce que je n'arrive pas à te le dire en face ?

Tête basse, il fit les cent pas dans la cour.

Sabrina survola la foule des danseurs. Chuck se trouvait au fond, assis sur une chaise. Quand il l'aperçut, il se précipita vers elle :

— Enfin, tu es de retour !

— Il faut que je te parle, dit-elle, mal à l'aise. Tu es adorable mais ce n'est pas avec toi que j'ai envie de sortir.

— Avec qui, alors ? demanda-t-il d'un ton grave.

— Avec Harvey.

Le visage de Chuck s'éclaira. Il saisit la main de Sabrina et la broya avec chaleur :

— Excellent choix ! Ce type est super !

— Et toi, tu es vraiment un cavalier de rêve ! Alors, ça ne t'ennuie pas que je parte ?

Il croisa les bras, arborant un air bravache :

— Vas-y, ne t'inquiète pas. Je vais rester ici et mourir d'amour pour toi.

— Pas question ! fit-elle, un peu coupable. Écoute, il te reste deux heures devant toi et je parie que tu adores cette chanson. Danse avec Libby !

— Je peux ? dit-il, sidéré, avant d'avouer : J'aime Libby.

— Tu l'aimes ?

— Désolé, j'ai gaffé !

Sabrina le serra dans ses bras puis le suivit des yeux. Elle vit le regard extasié de Libby quand il s'inclina devant elle. Satisfaite, Sabrina quitta alors la fête.

Elle retrouva Harvey sur le banc. « Ouf ! Il n'est pas parti ! »

— Allons-y. Et que le meilleur gagne !

— Hé, devine quoi ? dit-il en tendant les

bras devant lui. Les miens sont de la même longueur !

Sabrina fit le V de la victoire. Ils se dirigèrent en riant vers la Pizz'ah.

Chez les Spellman, Hilda avait moins de chance. Elle commentait ce qui se passait à l'écran mais Simon réclamait sans cesse le silence.

Ulcérée, elle regagna la cuisine, où Zelda n'était guère plus heureuse. Darryl ne faisait que grimper aux murs le plus vite possible et boire du lait...

Déçues par leurs compagnons d'un soir, les deux sœurs pointèrent vers eux le rouleau à pâtisserie. Il ne resta plus de leur présence que quelques traces de pâte à pain...

En revenant de la Pizz'ah, Harvey et Sabrina firent un détour par le lycée. À travers les vitres de la cafétéria, ils observèrent les derniers danseurs. Libby semblait enchantée d'avoir enfin un partenaire à sa hauteur. Elle se détourna de lui un instant pour s'assurer qu'ils étaient toujours l'attraction de la soirée.

Soudain, Chuck se plia en deux et se mit à tousser. Un peu de farine se colla à ses lèvres. Il se rua vers la porte.

Quand Libby se retourna, il avait disparu.

— Chuck ! cria-t-elle.

Elle le chercha partout, d'abord à l'intérieur puis dehors. En vain. Dans la cour obscure, elle marcha sur une flaque de pâte à pain. Dégoûtée, elle alla s'essuyer les pieds sur une touffe d'herbe puis se précipita vers la rangée de téléphones. Tapis sous le rebord de la fenêtre, Harvey et Sabrina l'entendirent hurler dans le combiné :

— Allô, police ? C'est pour signaler une disparition... Chuck Ronald Dylan. Il est très grand et très beau... Oh, excusez-moi... Brun, cheveux courts, yeux gris, un mètre quatre-vingt-deux. Signe particulier : très enthousiaste. La dernière fois où on l'a vu, il dansait avec moi et tout le monde nous admirait. C'était génial... Comment ?... Oh, ça ne fait que dix minutes mais je ne vais pas attendre vingt-quatre heures. Vous comprenez, c'est l'amour de ma vie et... Allô ! Allô !

Harvey et Sabrina s'éloignèrent en douce.

En rentrant chez elle, Sabrina trouva ses tantes occupées à laver le carrelage de la cuisine.

— Que se passe-t-il ? demanda-t-elle.

— Oh, pas grand-chose, prétendit Hilda en dissimulant le rouleau à pâtisserie. Comment était ta soirée ?

— Fantastique ! Harvey et moi, on a quitté la fête pour jouer au baby-foot.

— Harvey ? s'écria Zelda. Qu'est-il arrivé à ton cavalier de rêve ?

— Chuck ? Je l'ai prêté à Libby !

— Mais, ça n'a pas de sens !

— Pas plus que de passer la serpillière à minuit ou jouer à cache-cache avec un rouleau à pâtisserie... Mais je respecte vos petits secrets, moi ! Bonne nuit !

Épilogue

Sorcière ? Pourquoi pas ?

Blottie dans son lit, Sabrina ne trouva pas le sommeil. Pour lui tenir compagnie, Salem lui racontait ses projets de conquête du monde. Son bavardage ne la dérangeait pas. C'était comme un accompagnement musical à ses propres pensées...

Tant de choses lui étaient arrivées en si peu de temps ! Elle avait dû s'adapter à une nouvelle ville, un nouveau lycée, et apprendre à devenir une sorcière !

D'accord, les pouvoirs magiques avaient du bon. Mais ils n'étaient pas faciles à manipuler... Et, parfois, ils compliquaient encore plus les choses !

En tout cas, plus rien ne serait comme

avant. Surtout depuis cette valse enchantée dans la cour, avec Harvey. À cette pensée, son cœur bondit...

— Alors, une fois que j'aurai conquis l'Europe et l'Asie..., poursuivait Salem.

— Tu me raconteras plus tard, l'interrompit Sabrina. Je meurs de soif. Je descends me chercher un verre de lait.

— Ne bouge pas ! intima Salem. Tu es une sorcière, oui ou non ? Regarde dans ton livre à la lettre « L ».

Sabrina feuilleta son manuel de magie jusqu'à la bonne page.

— Waouh ! Lait magique !

Elle pointa aussitôt du doigt et un grand verre de lait frais apparut.

— Ça marche ! Tout bien réfléchi, je crois que j'adore être une sorcière.

Sabrina
l'apprentie sorcière

1. Une rentrée pas ordinaire
2. Une rivale inattendue
3. Un Noël presque parfait
4. Un invité surprise
5. Un amour de sorcière
6. Un week-end très mouvementé
7. Une journée d'enfer
8. Un lundi hallucinant
9. Sabrina fait des mystères
10. Détective de choc !
11. La fête des sorcières

La magie de Sabrina (Hors-série)

Et pour les plus jeunes :

Salem
le chat de Sabrina

1. Salem à la télé
2. Salem à l'école
3. Piégé dans l'Histoire !
4. Attention au sort !
5. Un après-midi de chien
6. Allô, Salem ?
7. Salem est jaloux
(à paraître en février 2002)
8. Libérez Salem !
(à paraître en février 2002)

Cet ouvrage a été composé par
PCA - 44400 REZE

Imprimé en France sur Presse Offset par

BRODARD & TAUPIN

GROUPE CPI

La Flèche (Sarthe), le 05-12-2001
N° d'impression : 10688

Dépôt légal : septembre 2000

POCKET jeunesse

12, avenue d'Italie • 75627 PARIS Cedex 13

Tél. : 01.44.16.05.00